Klaus Brill
Lesereise Prag

Klaus Brill

Lesereise Prag

Auf der Karlsbrücke nachts um halb eins

Picus Verlag Wien

Copyright © 2011 Picus Verlag Ges.m.b.H., Wien
Alle Rechte vorbehalten
Grafische Gestaltung: Dorothea Löcker, Wien
Umschlagabbildung: © Frank Chmura/www.buenosdias.at
Druck und Verarbeitung: Remaprint, Wien
ISBN 978-3-85452-990-3

Informationen über das aktuelle Programm
des Picus Verlags und Veranstaltungen unter
www.picus.at

Inhalt

Ein Vorwort, oder: Steiles Pflaster 9

In der magischen Mitte
*Models, Möwen, Moldaurauschen – eine Nacht auf der
Karlsbrücke* 16

Kaiser Karl der Größte
Warum die Tschechen den Schöpfer des goldenen Prag so lieben .. 22

Verzückungen, Verzerrungen
*Metamorphosen einer Metropole: Wie Prag sich in die
kapitalistische Gegenwart katapultiert hat* 28

Rendezvous unterm Schweif
*Der Wenzelsplatz als wichtiger Erinnerungsort soll wieder
Stil und Würde erhalten* 38

Im goldenen Schimmer der Nacht
*Der langwierige Streit zwischen Kirche und Staat um den
Veitsdom* 41

Ein Salto auf die Matratze
*Prager Fenstersturz? Es gibt drei davon. Einer wurde am
Neustädter Rathaus nachgespielt* 46

Der Spitzel im Turm
*Wie der kommunistische Geheimdienst früher die Leute
auf der Straße beobachtete* 50

Vorsicht, Taxi!
*Auch ein verkleideter Oberbürgermeister konnte den Betrug
mit überhöhten Tarifen nicht stoppen* 53

Hauptstadt der Hunde
Die Liebe der Prager zu ihren Haustieren 57

Der Tscheche als Originalgenie
*Ein kleines Theater und ein Museum pflegen den Kult um
den geheimnisvollen Jára Cimrman* 61

Wie sich's gehört
Ein früherer Dozent und Präsidentenberater lehrt Etikette nach tschechischer Art 68

Knödel an Kraut
Junge Köche verleihen der guten alten böhmischen Küche neuen Glanz 73

Abenteuer eines Märchenprinzen
Was Václav Havel über seine Zeit als tschechischer Staatspräsident erzählt 79

Mit Kusshand regieren
Der staunenswerte Aufstieg des altböhmischen Fürsten Karel Schwarzenberg in der Prager Politik 85

Wie die Bisamratten
Ein Wiedersehen an der Moldau nach fünfundsiebzig Jahren: die Prager deutschsprachige Literatur 96

Eine Epoche, die verloren ist
Zwei alte Prager Juden erinnern sich an das Gemisch der Kulturen, das Hitler für alle Zeiten zerstörte 104

Zweiundachtzig Kinder, überlebensgroß
Wie die Gedenkstätte in Lidice auf das Massaker der Nazis im Jahr 1942 aufmerksam macht 113

Den Kopf heben und aufatmen
Wie Prager Intellektuelle heute mit dem »Prager Frühling« umgehen 117

Ein Trabi auf vier Beinen
Auf die legendäre Flucht von Tausenden DDR-Bürgern 1989 kommt man in der deutschen Botschaft immer wieder zurück 125

Die grüne Fee ist wieder da
Prag ist ein Magnet für Menschen, die mal wieder Absinth trinken wollen 129

Nachsatz 132

Ein Vorwort, oder:
Steiles Pflaster

Mit der Dunkelheit kommt die Stille. Auf den Trampelpfaden des Tourismus ist man dann allein, und Prag strömt nur noch seinen Bierdunst und seine Schönheit aus. Oft, wenn ich spät, von der Moldau kommend, auf der Kleinseite den Berg hinanstieg, kam mir die steil hinaufführende Nerudova-Straße vor wie die Kulisse eines Films. Denkt man sich die Autos, die Reklameschilder und den Schaufensterrumel weg, könnte es sogar ein historischer Film sein, einer von unzähligen, die in dieser Stadt schon gedreht wurden. Auch in dieser Straße. Sie ist Teil des alten Königswegs, auf dem vor Zeiten die böhmischen Regenten nach ihrer Wahl vom Vyšehrad über den Altstädter Ring und die Karlsbrücke bergan zur Burg schritten.

Im historischen Ensemble des Prager Zentrums nimmt die Nerudova mit ihren barocken Häusern und Palästen eine besondere Stellung ein, weil hier der Geist vergangener Jahrhunderte so ins Auge springt. Fast alle Häuser weisen neben den heutigen blauen Hausnummern auch noch auf roten Schildern die Konskriptionsnummern der Stadtteile auf, die 1770 zu Zeiten der Kaiserin Maria Theresia verfügt wurden. Und häufig findet man daneben, prachtvoll restauriert, auch die noch älteren Zeichen der Hausnamen: den roten Löwen, den grünen Krebs, den weißen Schwan, das goldene Rad oder das goldene Hufeisen.

Das Haus zu den Drei Geigen besaß ein Geigenbauer, im Haus zum Goldenen Kelch wohnte ein Goldschmied. Das Haus zu den Zwei Sonnen ist ein Gasthaus, vor hundertfünfzig Jahren lebte hier der Dichter Jan Neruda, der 1877 in seinen »Kleinseitner Geschichten« das Leben in dieser Straße und in diesem Viertel höchst anschaulich geschildert und so für alle Zeiten aufbewahrt hat. Die Straße ist deshalb nach ihm benannt. Wer in den »Zwei Sonnen« die Stiege zum Gartenlokal hinabsteigt, findet dort noch den Hof und die Pawlatschen, die typischen Umgänge, fast so vor, wie Neruda sie beschrieb.

So ist Prag – ein Schaugarten der Jahrhunderte, ein wunderbar erhaltenes Gehäuse des Gewesenen. Man lebt hier heute und gleichzeitig im Vergangenen, man hat den Wandel vor Augen. Alte Adelspaläste säumen die Nerudova, heute der Sitz von Botschaften. Und mancher andere Prachtbau ging nach dem Kollaps des Kommunismus in den Besitz moderner Finanzinvestoren über, darunter Russen, Italiener und Albaner.

Vieles hat sich geändert in den vergangenen Jahren. Fast alle Häuser wurden restauriert, Kram- und Bäckerläden mussten Souvenirgeschäften weichen, ein Verdrängungsprozess ist im Gang. Prag ist eines der gefragtesten Reiseziele in Europa und lockt zudem Tausende Investoren an, die von hier aus ganz Mittel- und Osteuropa beackern. Prag und sein mittelböhmisches Umland gehören heute zu den fünf ökonomisch potentesten Regionen der EU. Das setzt epochale Metamorphosen in Gang, die mit Händen zu greifen sind.

Und doch ist gerade auf der Kleinseite etwas vom alten Milieu geblieben, sind nachbarschaftliche und freundschaftliche Biotope noch lebendig. Man merkt es vor allem in den Kneipen, in Wirtshäusern wie »U Hrocha« (Zum Nilpferd), »U Kocoura« (Zum Kater) oder »U Černého vola« (Zum schwarzen Ochsen), die mitten im teuren touristischen Umfeld als Oasen alttschechischer Gepflogenheiten überdauern. Man ist hier gerne unter sich.

Mir gefällt es am besten in der Gaststätte »U Zavěšenýho kafé« (Zum aufgehängten Kaffee). Sie liegt im »Haus zu den Drei Äxten« in der Verlängerung der Nerudova, die Úvoz (Hohlweg) heißt und bergauf zum Abtsgarten des Klosters Strahov führt. Der Maler Jakub Kreijčí, von seinen Freunden »Kuba« genannt, hat das Wirtshaus ausgestaltet, mit Schriften, Skulpturen und Gemälden, von denen das größte ein fabelhaft-anarchisches Prager Panorama zeigt. An einer üppig beladenen Tafel vergnügen sich, bizarr verrenkt, die Granden der Prager Vergangenheit und Gegenwart, vier mittelalterliche Könige zum Beispiel, dazu der Staatsgründer Tomáš G. Masaryk, die Schriftsteller Karel Čapek, Jan Neruda und Franz Kafka, der unvermeidliche Soldat Švejk natürlich, ferner Václav Havel, James Bond und die Rolling Stones. Am Rande sitzen lebensfroh auf diesem Bild auch Kuba, der Maler, und seine Gefährtin Helena, die Wirtin, samt František I., das ist ihr Hund.

Die Kneipen gehören zu Prag wie die Karlsbrücke, die Philharmonie, der Reformator Jan Hus und die vorzüglich funktionierende Trambahn. Kneipen sind Orte des Austauschs, der Diskussion und der Entspannung, im »Aufgehängten Kaffee« kreuzt regelmäßig auch ein Singkreis auf. Früher kam von der nahen Burg manchmal Václav Havel auf ein Bier vorbei, sein Foto hängt an der Wand. Der heutige Staatspräsident Václav Klaus, als renitenter EU-

Kritiker bekannt, wäre weniger willkommen; ihm zum Trotz hat Jakub Krejčí über der Tür die gestirnte blaue Europafahne aufgepflanzt. Der Name des Lokals rührt übrigens von einer alten neapolitanischen Tradition, dem »caffè sospeso«: Wer einen guten Tag hatte, zahlt an der Theke zwei Kaffee, trinkt aber nur einen, der zweite wird »aufgehängt«, also aufgehoben; ihn bekommt umsonst ein anderer, der später eintrifft und der Unterstützung bedarf. Prager Weltläufigkeiten, die nicht überall, sondern vorzugsweise in der Bierseidel-Boheme einer solchen Künstler- und Intellektuellenkneipe gedeihen.

Wer Prag erleben und erfassen will, darf an den Kneipen so wenig vorübergehen wie an den Kathedralen und den Konzertsälen. Irgendwo wird hier immer Musik gemacht, mal schallt es aus einem offenen Fenster, mal aus einer Halle, mal aus dem Übungsraum einer Akademie. Touristen lockt man mit Klassik-Hits vom Bürgersteig hinunter in die nächste Kirche, der Connaisseur hingegen begibt sich am Nationalfeiertag, dem 28. Oktober, Jahrestag der Gründung der Tschechoslowakischen Republik anno 1918, ins Obecní Dům, das Gemeindehaus, ein Prunkstück des Jugendstils. Im Smetana-Saal bringen dort die Prager Symphoniker ein Hauptwerk der tschechischen Nationalbewegung zu Gehör, Bedřich Smetanas symphonische Dichtung »Má vlast« (Mein Vaterland), in sechs Teilen. Der zweite, »die Moldau«, ist schon zum klassischen Gassenhauer geworden, man hört das Stück bei der Ankunft im Bahnhof ebenso wie bei der Landung der ČSA-Maschinen auf dem Flughafen aus den Boxen rieseln.

Prager Kirchen sind weniger bei den Einheimischen als bei den ausländischen Besuchern gefragt, mag der Barock mit seinen außerordentlichen

Schöpfungen auch noch so locken. Die Tschechen zählen zu den ungläubigsten aller Europäer, nur vierzig Prozent gehören einer Religionsgemeinschaft an. Auch dies ist natürlich ein Erbe der Geschichte, so wie alles andere, was Prag hervorhebt aus jenem doppelten Dutzend europäischer Metropolen, die seit dem Mittelalter je eine andere Variante abendländischer Kultur in sich bündeln.

František Palacký, der große tschechische Geschichtsschreiber und Vorkämpfer für den nationalen Staat, hat es in den Worten Ciceros auf den Punkt gebracht: Quounque incedimus, in aliquam historiam vestigium imponimus. Ja: Wohin wir in Prag auch gehen, setzen wir den Fuß in (eine) Geschichte. Und sei es eine Gruselgeschichte wie die vom Golem, jener Sagengestalt, die vor vierhundert Jahren der berühmte Rabbi Löw aus Lehm erschaffen und als stummen Diener abgerichtet haben soll. Die Legende wurde von deutschen Romantikern verbreitet und hält sich bis heute als tragendes Element jenes mystifizierenden Gemurmels, das Prag als eine vernebelte Heimstatt des Geheimnisvollen, Esoterischen sehen will. Prag ist aber sehr zeitgenössisch, sehr belebt, durch und durch erfüllt vom Smog seiner Autos und Fabriken. Prag kann auch nicht gewisse Erblasten der kommunistischen Jahrzehnte verleugnen, einen pompösen Fernsehturm zum Beispiel oder die monströsen Wohnanlagen, die in sozialistischer Plattenbauweise errichtet wurden. Sie finden sich in den peripheren Zonen, ebenso wie die Errungenschaften der boomenden Gegenwart, brandneue Shoppingmalls zum Beispiel oder blitzende Bürogebirge aus Chrom und Glas.

In diesen Vorstädten wohnen die allermeisten

Prager, aus der historischen Altstadt haben steil steigende Mieten und Immobilienpreise die Urbevölkerung längst hinausgetrieben. Auch der Ansturm von jährlich vier Millionen Touristen ist manchem Prager ein Graus. »Die Einheimischen haben die Altstadt geräumt«, konstatiert die Schriftstellerin Alena Wagnerová, »übrig blieb eine Kulisse.«

Bei einer Meinungsumfrage im Herbst 2010 erklärte mehr als ein Drittel der befragten Prager Bürger, sie wollten die Stadt verlassen. Manche vermissen die frische Luft und die Nähe zur Natur, andere möchten ein eigenes Haus, was in Prag nur Reichen möglich ist. »Ich bin mein Leben lang ein Prager, und ich muss sagen, dass ich über gewisse Dinge ziemlich bestürzt bin«, erklärte ergrimmt Václav Havel, der frühere Staatspräsident. Ihn quälen der massenhafte Bau von Hypermärkten, von Lagerhallen oder Straßen, die sich in die Landschaft fressen, ebenso wie »ein gewisser Mangel an Konzeption der Stadtentwicklung«. Ihn quälen auch die Zustände im Rathaus, das unter der langjährigen Führung der konservativ-liberalen Partei der Bürgerdemokraten (ODS) durch eine Serie von Korruptionsskandalen sowie durch grobe Miss- und Speziwirtschaft die Wut der Bürger erregte.

Ja, man kann sich ärgern über Prag, immer wieder. Über betrügerische Taxifahrer, über geldgierige, ungehobelte Kellner, über Taschendiebe und Autoknacker. Manchen erfüllt es auch mit Beklemmung, dass die Stadt durch die Polizei mittels mehrerer Hundert Videokameras in einer Weise überwacht wird, wie sich das einst George Orwell wohl vorgestellt hat. Aber immer wieder siegt über solche Misshelligkeiten doch das andere Prag, das Prag der edlen Töne, der versteckten Treppen und der nächtlichen Blicke auf die angestrahlte Burg. Prag bezaubert und versöhnt. Und die Geschichten, die es erzählt, versiegen nie.

In der magischen Mitte

Models, Möwen, Moldaurauschen – eine Nacht auf der Karlsbrücke

Und mitten in der Nacht, um 1.40 Uhr, als dieser magische, ewig bevölkerte Ort der Sehnsucht sich gerade ein paar Minuten der Stille zu gönnen scheint, marschiert vom Altstädter Brückenturm her ein Brautpaar heran. Die Frau im üppigen weißen Schleppkleid mit Schleier, der Mann im schwarzen Smoking, sehr elegant. Sie kommen zielbewusst daher, ein Fotograf und ein Beleuchter folgen. Ein weiterer Helfer lenkt sogleich mit Hilfe eines silbern bespannten Schirmes das Schummerlicht einer Brückenlaterne auf die beiden Frischvermählten, die natürlich gar nicht verheiratet, sondern Models sind. Die Kamera klickt, die Arbeit beginnt, und die Nacht geht dahin. Den Passanten, die vorbeischlendern, wird ein wenig Abwechslung geboten.

Manchmal könnte man vergessen, wozu die Karlsbrücke eigentlich gebraucht wurde, bevor die Fotografie erfunden war. Tatsächlich diente sie ja einst zur Überquerung der Moldau, mit Lasten, mit Tieren, mit Autos, sogar mit Pferde- und Straßenbahnen. Fast fünfhundert Jahre lang, bis 1841, war sie der einzige feste Übergang in Prag, heute überspannen fünfzehn Brücken die Moldau im inneren Stadtgebiet. Die Karlsbrücke als älteste, schönste und bekannteste ist seit 1965 nur noch für Fußgänger passierbar, und neuerdings scheint sie ganz für die Fremden und die Fotografen abgestellt zu sein.

Auch nachts hört das Blitzen nicht auf. Das Brautpaar posiert gekonnt vor den Schatten des Altstädter Brückenturms und den berühmten Heiligenstatuen, natürlich gibt die Prager Burg auf dem Fels dazu die denkbar malerischste Kulisse ab. Die beiden umarmen sich, fassen einander an den Händen, dann sitzt er auf der Brüstung, sie schaut zu ihm auf. Und keiner der Vorübergehenden wundert sich, warum für Brautmoden gerade die Karlsbrücke gerade bei Nacht ein so formidables Setting abgibt. Als Schauplatz der imaginierten Gefühle ist sie schwer zu übertreffen und als historisches Bauwerk ist sie eine europäische Ikone wie der Eiffelturm oder der Rote Platz.

Jeder, der nach Prag kommt, und das sind etwa vier Millionen Menschen im Jahr, will sie sehen und begehen und meist auch ein Erinnerungsfoto mit ihr haben. Weshalb an manchen Tagen hier bis zu dreißigtausend Menschen promenieren, die meisten am Tag, wenn entlang der Brüstung die verschiedensten Kunsthandwerker ihre Ohrgehänge, Schnellporträts und Karlsbrücken-Veduten anbieten. Hare-Krishna-Jünger zimbeln, Altprager Jazz-Combos heizen ein, Degenfechter und Feuerschlucker ziehen Menschentrauben an. Am Abend werden die Staffeleien und Verkaufstische zusammengeklappt. Nach Hause gehen auch die Bauarbeiter, die seit 2007 in einem abgesperrten Bereich der Brücke schadhafte Steine austauschen, Figuren säubern, Wetterschäden reparieren.

Um die Frage, ob diese kosmetische Auffrischung auch die Seele des Bauwerks respektiert, hat es heftige Auseinandersetzungen gegeben. Immerhin ist dies ja eines der bedeutendsten Kulturdenkmäler des Kontinents und den Tschechen besonders teuer, da doch der Bauherr und Namensgeber ihr Kaiser Karl

IV. war, ein Europäer von Format, der fünf Sprachen sprach und in die Geschichte einging mit jener »Goldenen Bulle«, die für Jahrhunderte die Wahl des römisch-deutschen Königs regelte. Den Grundstein der Karlsbrücke hat er angeblich zu einem von den Hofastrologen genauestens berechneten Zeitpunkt gelegt, am 9. Juli 1357, morgens um 5.31 Uhr. Sechzehn mächtige Bögen überspannten später den Strom, und die fünfzehn ebenso mächtigen Pfeiler krönte man nach und nach auf beiden Seiten mit dreißig Skulpturen; die bekannteste ist die Bronzestatue des heiligen Nepomuk, von Passanten so sehr abgegriffen, dass sie an zwei Stellen schon ganz blank ist.

Bedenklicher ist, was in sechseinhalb Jahrhunderten die Wasser der Moldau dem Bauwerk angetan haben. Schon früher wurden Sicherungsarbeiten ausgeführt, so nach einer Überschwemmung im Jahre 1890. Im Jahr 2007 aber hielt man eine gründliche Abdichtung der Fundamente und eine Erneuerung jener Wasserteiler für geboten, die dem Schutz der Pfeiler dienen. Auch schadhafte Steine wurden ausgetauscht, doch hatten es die Bauarbeiter übertrieben eilig, rund zweihundertvierzig alte Quader zu zerstören. Krass stechen nun die neuen Steine durch ihre helle Farbe hervor, auch die neue Pflasterung, mit Beton unterfüttert, mutet alles andere als historisch an. Bauhistoriker und Bürgerinitiativen schlugen Alarm, im Frühjahr 2010 verhängte die zuständige Obere Denkmalschutzbehörde in Pilsen eine Geldbuße von umgerechnet hundertdreißigtausend Euro gegen das Prager Bauamt, weil bei der Renovierung schwere Fehler gemacht worden seien: »Die traditionellen Methoden des Steinmetzhandwerks wurden nicht respektiert.« Auch habe man den falschen Mörtel verwendet und die alten Steine mit dem gleichen

Kitt verfugt, der bei der Sanierung von Plattenbauten Verwendung finde, zürnte die Behörde.

Ein Skandal, der die Besucher kaum erreicht, schon gar nicht in der Nacht. Wenn es dunkel wird, gehört die Karlsbrücke auf all ihren fünfhundert Metern den Träumern und den Nachtschwärmern, die in der Altstadt oder auf der Kleinseite noch eine Pflastergasse, eine Bierkneipe oder einen Nachtclub suchen. Gleich neben dem Altstädter Brückenturm ist Mitteleuropas größter Musikclub zu finden, der sich um Mitternacht allmählich füllt. Junge Leute stehen Schlange und lassen sich von schwarz gekleideten Türstehern den Körper abtasten oder die Handtaschen kontrollieren. Eine weitere Disco liegt direkt am Moldauufer und sendet aus ihren hohen Fenstern bunte Blitze und wummernde Bässe zur Brücke hinauf. Bedřich Smetana schweigt dazu, die Statue des Komponisten ist von Liebespaaren umlagert. In dieser lauschigen Uferzone befindet sich auch eine Dependance des Tschechischen Nationalmuseums für Musik.

Aber weder Smetanas vaterländische Moldauklänge noch das Dröhnen der Disco geben den Nächten auf der Karlsbrücke ihr akustisches Gepräge, sondern der Fluss ist es selbst. Ein Wehr zwingt ihn in unmittelbarer Nähe zum Fall, und so ist Tag und Nacht ein gleichmäßiges Rauschen zu hören, das fast alle anderen Geräusche der Stadt übertönt. Nur die Glocken nicht, die von den Türmen die Stunde schlagen, und nicht die Möwen, die um die Pfeiler kreischen.

Je später es wird, desto größer werden die Abstände zwischen den Menschen, die jetzt noch über die Brücke wollen. Junge Paare auf dem Heimweg ins Hotel, einsame Fotografen, die das Bauwerk im Schatten fliehender Wolken erleben wollen. Prag leuchtet derweil, viele Kirchen und Paläste sind bis ein Uhr angestrahlt, manche bis in den Morgen. Das Brautpaar sucht neue Posen, ein Obdachloser, unrasiert, mit einer Tüte in der Hand, schlurft vorbei. Und hinter dem Altstädter Brückenturm, am Museum für mittelalterliche Folterinstrumente, schlägt ein Betrunkener sein Wasser ab. Unter einer Statue setzen zwei Herren im Anzug auf Französisch eine angeregte Diskussion fort, die vielleicht in einem guten Restaurant begann.

Irgendwann spürt man: Die Nacht hat umgeschlagen, der Morgen gewinnt die Oberhand. In den Kastanien am Kleinseitner Ufer erwachen die Vögel, ein Fiepen und Tschilpen setzt ein, und bald nachdem der Horizont sich erhellt hat, erlöschen am Ufer die Laternen. Es ist fünf Uhr geworden. Am Kleinseitner Ring sind die ersten Straßenbahnen zu hören, ein Lieferwagen ist am Ufer eingetroffen. Der Fahrer versendet bei offener Tür auf dem Handy seine ersten SMS. Aus dem Container auf der Brückenbaustelle treten zwei schwarz gekleidete Baustellenwächter hervor.

So kreuzen sich der alte und der neue Tag. Schnellen Schrittes kommen Frauen in Bürokostümen herbei, die von Stadtteil zu Stadtteil zur Arbeit eilen. Männer mit Aktentaschen sind schon rasiert, ein Fotograf mit schwerer Schultertasche und Teleobjektiv baut sein Stativ auf. Da bricht aus der Altstadt eine Horde junger Briten hervor. Sie haben getrunken in dieser Nacht, nun schwanken und schreien sie und nehmen die Brücke auf ganzer Breite ein. Schon öfter ist es vorgekommen, dass sich junge Männer bei solchen Umzügen an den dreißig Statuen zu schaffen machten. Nasenspitzen wurden abgehackt, ein Engel kam abhanden, von einem Kruzifix verschwanden Teile einer dreihundertjährigen hebräischen Buchstabenschrift. Taucher der Polizei suchten vier Wochen lang am Grund der Moldau im Schlamm, sie förderten die Buchstabenschrift wieder zutage – und vieles andere, was in Jahrzehnten über die Brüstung gegangen war. Seit einiger Zeit sind unauffällig zehn Überwachungskameras angebracht, mit deren Hilfe die Polizei den Vandalen beizukommen hofft.

Übernächtigte Touristen mischen sich jetzt mit einheimischen Frühaufstehern, junge Leute halten einander mit dem Fotohandy im Frühlicht fest. Und plötzlich, um zehn vor sechs, steht diese knallblonde junge Dame mit dem Pelzjäckchen und den langen schwarzen Strümpfen vor einem der Brückenheiligen. Ein Fotograf sitzt schon vor ihr auf dem Boden, zwischen den Shootings hantiert ein Friseur an ihrer wallenden Popfrisur herum. Daneben steht eine junge Dame, offenbar die Stylistin. Sie führt einen großen Rollkoffer mit, aus dem sie später andere Kleidungsstücke entnimmt.

Die Karlsbrücke und die Models – es scheint eine feste Liaison zu sein. Einer der drei jungen Holländer, die vorhin aus der Disco kamen und jetzt hinter zwei fremden Girls herziehen, will mit aufs Bild. Aber für solche Scherze hat der Fotograf nichts übrig. Das Model hüpft leichtfüßig herum und verliert dabei einen hochhackigen Schuh, dieweil der Knipser auf Englisch über diese Leichtigkeit jubelt. Auf einem Altstadtturm bimmelt eine Glocke, und von der Kleinseite her schleppen zwei Bauarbeiter einen langen Schlauch und eine Pumpe heran. Eine Frau ist jetzt noch mit der Kamera aufgetaucht, Prag im Morgenlicht. Es scheint, als hätte die Karlsbrücke eine ruhige Nacht gehabt.

Kaiser Karl der Größte

Warum die Tschechen den Schöpfer des goldenen Prag so lieben

Von all den Wohltaten, mit denen Kaiser Karl IV. einst die Bewohner seiner Heimatstadt Prag und seines angestammten Königreichs Böhmen bedachte, sind der Veitsdom, das alte Hradschin-Palais, die Karlsbrücke, die Karlsuniversität und (das) Karlsbad sicher die bekanntesten. Bei den Tschechen hat einen großen und dauerhaften Eindruck aber auch jene Passage aus seiner Autobiografie hinterlassen, in der er von der Heimkehr an die Moldau im Jahre 1333 berichtet.

Der siebzehnjährige Sohn des Herzogs Johann von Luxemburg und der tschechischen Königstochter Eliška Přemyslovna, der Erbin der Přemysliden-Dynastie, war vierzehn Jahre abwesend gewesen. Als Dreijährigen hatte ihn der Vater der Mutter weggenommen, zwei Monate in Dunkelhaft gehalten und dann zur Erziehung an den Hof in Paris gebracht. König Charles IV., sein Pate, gab ihm dort nicht nur einen späteren Papst als Erzieher und eine Verwandte zur Ehefrau, sondern auch den eigenen Namen: Karl, in Böhmen Karel, hieß ursprünglich Václav (Wenzel), nach jenem Ahnherrn, der schon damals zum böhmischen Nationalheiligen avanciert war.

1333 hatte Karl schon einen Feldzug in Italien, einen Giftanschlag und einschneidende religiöse Erweckungserlebnisse hinter sich, als er im verwahrlosten Böhmen ankam. »Wir trafen weder Vater noch Mutter noch Bruder noch Schwestern noch sonst einen Bekannten an«, schrieb er. »Auch die böhmische Sprache hatten wir völlig vergessen, lernten sie jedoch nachher wieder, so dass wir sie wie jeder andere Böhme redeten und verstanden.« Karl beherrschte auch Latein, Französisch, Deutsch und Italienisch, und er besuchte damals nach Ankunft in Prag als Erstes im Zisterzienserkloster Zbraslav (Königsaal), der Grablege der Přemysliden, die letzte Ruhestätte seiner Mutter.

Wenn nun für eine Ausstellung unter dem Titel »Karl IV. – Kaiser von Gottes Gnaden« just aus diesem Kloster Zbraslav ein kostbares Madonnenbild entliehen und auf Plakaten wie Broschüren als Titelikone herausgestellt wird, so hat dies also seine tiefere Bedeutung. Zumal es sich bei dem Gemälde, das auf 1345–1350 datiert wird, womöglich um ein Geschenk von Karl IV. selber handelt. Maria mit Doppelkrone, tiefblauem Mantel, weißem Schleier, den durchsichtig umhüllten Jesusknaben auf dem Arm – alleine die üppige Verwendung von Lapislazuli und Gold sowie die Applikation von Edelsteinen auf Kronen und Gewändern machen das Bild zu einer königlichen Gabe.

Auch die zweihundertzwanzig weiteren Exponate dieser Ausstellung, die im Frühjahr 2006 in der Gemäldegalerie des Prager Hradschin stattfand, ließen auf den ersten Blick erkennen, warum der tschechische Präsident Václav Klaus bei der Eröffnungszeremonie von einer der wichtigsten Ausstellungen der tschechischen Geschichte sprach und ihr »eine unvergleichliche Bedeutung« beimaß. Nie zuvor war an Prunkstücken das an einem Ort versammelt, was die Kuratoren der Prager Schlossverwaltung und des Metropolitan Museum of Art in New York da aus neunzig Galerien, Museen und Privatkollektionen in fünfzehn Ländern zusammengetragen hatten.

»Kultur und Kunst unter der Herrschaft der letzten Luxemburger 1347 bis 1437« – der Untertitel spezifizierte, dass neben der Regierungszeit Karls IV. auch die seiner Söhne Wenzel IV. und Sigismund gemeint war. Die beiden folgten als Regenten in Böhmen und als Kaiser des Heiligen Römischen Reiches mit unterschiedlicher Fortüne dem Vater nach, auch als Mäzene. Teilweise wirkten die Künstler weiter, die Karl in die Werkstätten und Skriptorien des Hradschin gerufen hatte, teilweise schwärmten sie aus.

Neben dem Baumeister und Bildhauer Peter Parler aus Schwäbisch Gmünd, der dem Veitsdom Gestalt gab, waren dies unter anderen Nikolaus Wurmser sowie der Meister Theoderich als Maler, ferner herausragende Goldschmiede, Bronzegießer und Buchillustratoren. »Ars nova« oder »Kaiserlicher Stil«, später »Schöner Stil« nannten sich die Strömungen, die von Prag in alle Himmelsrichtungen ausstrahlten. Darum war nicht nur aus Böhmens Schatzkammern hervorzuklauben, was in Prag und New York zum Publikumsmagneten wurde.

Es gab in vielen Varianten die reife, herbe Schönheit des späten Mittelalters zu schauen. Aus dem Fundus von Burg Karlstein, Karls IV. einsamer Gralsfestung im Wald bei Prag, wurden zum Beispiel die anrührenden Porträts des Evangelisten Lukas und Karls des Großen gezeigt, beide dem Meister Theoderich zugeschrieben. Groß war die Zahl der Kreuzigungsszenen wie der Marienbilder und -skulpturen, dicht an dicht wurden auch erlesene Buchmalereien, Trinkgefäße, Schmuck und Messgewänder dargeboten. Nicht zuletzt gelang es mit verschiedensten Reliquien-Behältnissen, mal in Form eines Armes, mal als Büste, Schatulle oder goldgefasster Knochen, eine Ahnung vom Geist jener fernen Zeit zu evozieren, deren tiefe Gläubigkeit uns Heutigen, zumal den überwiegend ungläubigen Tschechen, durchaus fremd ist.

Karl IV. war ohne Zweifel einer der wichtigsten Herrscher des Mittelalters, der durch eine geschickte Heiratspolitik und durch Zukäufe auch die Macht seines eigenen Hauses tüchtig mehrte. Der kluge Diplomat und große Politiker, gebildet, weitsichtig und fintenreich, »ist nur als der Fromme zu verstehen«, schreibt der Historiker Ferdinand Seibt in seiner schon klassischen Biografie. Der König sammelte Reliquien in achtbarer Menge, war ihnen nahe im Gebet und stellte sie den Massen bei Wallfahrten aus. Stets war er darauf bedacht, seiner höheren Berufung sichtbaren Ausdruck zu verleihen: in den Bauten und der Autobiografie, in den von ihm inspirierten Schriften und den von ihm in Auftrag gegebenen oder geförderten Kunstwerken.

Die Hofkunst war »die Imagination seiner geistlichen Taten«, wie Ferdinand Seibt sagt. Nichts belegt die Nähe von Altar und Thron so schlagend wie der Standort des Veitsdoms mitten im Areal der Prager Burg – untrennbar stehen sie dort für alle Zeit. Gleichzeitig war es Karl IV., der 1356 mit der Goldenen Bulle für die verbleibenden Jahrhunderte bis 1806 im Heiligen Römischen Reich (deutscher Nation) die Anrechte der sieben Kurfürsten auf die Königswahl fixierte und jeder Oberhoheit des Papstes eine Abfuhr erteilte.

Für die Tschechen zählt besonders, dass ihnen Karl IV. sein Prag vergoldete, wo er geboren war und wo er starb und wo er im Veitsdom begraben liegt. Für ein Menschenalter machte er in der zweiten Hälfte des 14. Jahrhunderts die Stadt zum Zentrum des Reiches und verschaffte ihr den Rang der dritten kulturellen Metropole nach Paris und Rom. Wie kein anderer verkörpert er deshalb auch bis heute Böhmens einstige Geltung und Größe. Und Tschechisch konnte er eben auch.

Als vor einigen Jahren in einer Fernsehshow, mit der in Abwandlungen auch andere Nationen beglückt wurden, der »größte Tscheche« aller Zeiten gesucht wurde, da wählte das Publikum Karl IV. auf den ersten Rang – vor Tomáš Garrigue Masaryk, dem Begründer der modernen Tschechoslowakei im Jahre 1918, und vor Václav Havel, dem Helden unserer Tage, der als Dramatiker, Dissident und Staatspräsident das Gesicht der Nation zur Jahrtausendwende war.

So viel Geschichtsbewusstsein erklärt, warum auch die Ausstellung auf dem Hradschin im Jahr 2006 so hohen Rang hatte: Es ging um Karl, den Größten. Am Wirken eines mittelalterlichen Kaisers vergewisserte sich im Jahre 16 nach Beginn einer neuen Zeit die Tschechische Republik jener Eigenheiten, die jenseits der unannehmlicheren Epochen liegen, jenseits des Kommunismus, der Nazizeit und jener Habsburger Jahrhunderte, die im Grunde schon nach der Luxemburger Ära begannen, als Kaiser Sigismunds Erbtochter mit Albrecht II. von Habsburg vermählt wurde.

Für Tschechiens Nachbarn hatte das Prager Kulturereignis der Saison den Reiz der Umgewichtung, des neuen Blickes auf diesen Teil des Mittelalters:

Deutschland, so wie es später hieß, als Teil eines größeren Verbunds, einer kleinen EU – regiert nicht aus Berlin (haha!) oder Bonn (hahaha!), sondern vom Rande, von Luxemburg und Prag her, die ja nur aus deutscher Binnensicht Peripherie sind. Ein europäischer Blickwinkel öffnet sich, anregend auch für die heutige Betrachtung des neu sich ordnenden Kontinents.

Verzückungen, Verzerrungen

Metamorphosen einer Metropole: Wie Prag sich in die kapitalistische Gegenwart katapultiert hat

Prag ist alt, sehr alt. Und Prag ist neu, sehr neu. Prag ist so alt, dass im März 2008 schon der sechshundertsechzigste Jahrestag der Gründung der Prager Neustadt begangen werden konnte, natürlich in historischen Kostümen. Auf dem Obstmarkt war eine Bühne aufgebaut, Kaiser Karl IV., mit Krone und Bart, ließ Gaukler, Vaganten und Schwertkämpfer auftreten, dazu wurde getrommelt und gefiedelt. Des Kaisers Herold trug ein Headset-Mikro, damit man ihn besser verstand, und von einer rückwärtig aufgeschlagenen Fettwurstbraterei zog Qualm zur benachbarten Shopping-Galerie hinüber, in welcher einsam eine Rolltreppe lief.

Karl IV. ritt auf weißem Ross durch die Stadt, und Petr Hejma, der Bürgermeister des Stadtbezirks Prag 1, ließ sich im Gewand eines Goldschmiedemeisters in einen Eisenkorb stecken und in die kalte Moldau tauchen. So hart wurden 1348 unehrliche Kaufleute bestraft, und so hart kämpft man heute in Prag um Popularität. Pavel Bém, der Oberbürgermeister, war nicht dabei, der war damals noch so beliebt, dass er sowas nicht mehr brauchte.

In Prag war Frühling, und das ist die Jahreszeit, die dieser Stadt am besten steht. Im Sommer hängt der Bierschweiß in den Straßenbahnen, im Herbst quält der Smog die Bronchien, im Winter kommt man vor den Karpfenbottichen ins Rutschen oder geht in der touristischen Silvesterflut verloren. Aber im Frühling ist die Stadt voller Hoffnung und Musik. Es zwitschert in den Parks und Gärten, die Sträucher blühen, und auch der Schnee am Gründonnerstag hält die neue Jahreszeit nicht auf. Am Altstädter Ring, dem zentralen Platz der Stadt, konnte man in jenem Frühling 2008 einen riesigen Kran beobachten, der drei neue Glocken ins Turmgestühl der Teynkirche hob. Prag war nach einem langen Winter zu neuem Leben erwacht, sogar die Renovierung der Karlsbrücke hatte endlich begonnen.

Der Winter dauerte fast zwei Drittel des ganzen 20. Jahrhunderts lang, doch jetzt, zwei Jahrzehnte nach der »Samtenen Revolution« und dem Zusammenbruch des Kommunismus, ist er wie weggeblasen. Der Aufbruch, der schon in den neunziger Jahren in Gang kam, beschleunigt sich von Tag zu Tag und erreicht immer neue Dimensionen. Wann drehten sich hier je so viele Kräne, wann kamen je so viele Fremde her, wann wurde so viel Geld bewegt und verdient? Wann war zuletzt so viel Gedränge in der Stadt und so viel Glanz auf den erneuerten Fassaden?

Es muss vor dem Kommunismus gewesen sein, nein, früher noch, vor der Nazizeit und nach dem Kollaps der Habsburger Monarchie. Also in der Ersten Tschechoslowakischen Republik, als Prag gerade wieder stolze Hauptstadt geworden war. »Ja, ich stimme zu«, sagte Pavel Bém, das 2010 abgewählte Stadtoberhaupt, »die Entwicklung ist außerordentlich schnell.« Prag hat 2007 zum ersten Mal in seiner Geschichte die Zahl von 1,2 Millionen Einwohnern überschritten.

Prag boomt, Prag baut, Prag bäumt sich förmlich auf in einem Kraftakt, der im Zeitraffer den

Rückstand der kommunistischen Ära aufholen soll und deshalb mit ebenso vielen Verzerrungen wie Verzückungen verbunden ist. »Andere europäische Hauptstädte«, sagte Bém, »hatten zig Jahre, die Probleme im vergangenen Jahrhundert zu lösen, wir haben nur Jahre, aber glücklicherweise sind wir erfolgreich damit.«

Tatsächlich ist der Wandel an jeder Ecke zu greifen. Wer nur ein paar Tage kreuz und quer durch die Stadt geht, hier Fragen stellt und dort Erzählungen lauscht, wird schnell zum Zeugen einer Metamorphose, die als herausragendes Beispiel für den Wandel in ganz Mittel- und Osteuropa taugt. Vor der Wende von 1989 war Prag »eine graue Stadt ohne Leben«, sagt Václav Matula, »eine Stadt, die im Sterben lag«. Der promovierte Linguist ist zusammen mit dem Betriebswirt Jiří Černý Inhaber der Reiseagentur Premiant City Tour, die 1992 mit drei Leuten begann und heute mehr als fünfzig Mitarbeiter hat. Beim Gang durch die Pflastergassen der historischen Kleinseite erinnern sie sich an die Gerüste, die hier vor bröckelnden Häusern einst so lange standen, dass schon Gras und Gesträuch darauf wuchsen.

Alles weg, alles restauriert, nur hier und da vermittelt noch ein Nachzügler, ein unerlöstes Haus, einen Eindruck von einstiger Schäbigkeit. In solchen Fällen erhalten die Besitzer eine Mahnung von der Stadt. Ansonsten sind Hunderte kleiner Kneipen, Geschäfte und Souvenirshops in Gewölben zu finden, die früher verstaubte Gelasse waren, »da standen drei Eimer und sieben Besen drin«, wie Jiří Černý sagt. Das »Kleinseitner Restaurant«, in das wir uns zum Bier hocken, war ein Gemüseladen, der nur Kartoffeln und Karotten anbot. »Die Stadt blüht jetzt auf«, meint Matula. Und sie ist, im historischen Zentrum, wieder wunderschön. Auferstanden in den ewigen Formen von Gotik, Renaissance und Barock, ein Juwel auf der UNESCO-Liste des Weltkulturerbes. Einerseits.

Andererseits gab es Kritik daran, wie in manchen Fällen restauriert wurde. Der Verein »Für das alte Prag«, mehr als hundert Jahre schon aktiv, bilanzierte 2005, es habe auch Schlampereien und Deformationen gegeben; so seien Hunderte historischer Dachstühle zerstört worden. Ein besonderes Ärgernis: Das Parlament der Nation baute das Kinsky-Palais auf der Kleinseite zur Wohnanlage für Abgeordnete aus, und trotz empörter Proteste wurden alle archäologischen Bodenfunde für eine Tiefgarage geopfert.

Auch andere Immobilien entfachten Dispute darüber, wie stark das schöne alte Prag und seine neue Nutzung miteinander harmonieren oder kontrastieren sollten. Das Kaffeehaus am Kleinseitner Ring zum Beispiel war einst eine Legende. Es trug den Namen des Feldmarschalls Radetzky, dessen Standbild auf dem Platz stand. Operndiven und Schriftsteller verkehrten hier. Nach 1918 nannte es sich Kleinseitner Café, man saß hier im »Salon von Prag«, und noch vor zwanzig Jahren gab es Gäste, die schon fünfzig Jahre Stammgäste waren. 2002 machte ein West-Investor einen cool-coolen Designer-Schmarren namens Square daraus und offerierte Tapas, meist war es leer. Anfang 2008 zog Starbucks ein, jetzt kuschelt man sich auf Ami-Art ins knautschige Polster, bei Caffè Latte und Brownie, wie in fünfzehntausend Starbucks-Läden überall in der Welt. Guidebook-Leserinnen und Blackberry-Mail-Abfrager verkehren jetzt hier, es ist fast immer voll.

Natürlich, auch Prag ist in den Sog der Globalisierung geraten, und wie! Auch Prag ist seit 1990 mit Super- und Hypermärkten von internationaler Austauschbarkeit bestückt worden. Der Stadtteil Smíchov zum Beispiel, ein altes Fabrik- und Arbeiterviertel, wird heute von einem Einkaufszentrum dominiert. Und in der Altstadt hat 2007 ein megamodernes Shopping-Paradies namens Palladium eröffnet, das in einer aufgeflotteten Kaserne hundertsiebzig Läden und dreißig Restaurants präsentiert, darunter zwei weitere Starbucks.

Prag ist eine Kapitale des Konsums geworden, die Einkaufsstraße Na Příkopě (Am Graben) zählt schon zu den zwanzig teuersten der Welt. Große Ketten machen sich breit, es gibt die ersten Luxuswohnanlagen. Die Kaufkraft steigt, wenn auch bei Weitem nicht so stark wie die Immobilienpreise, und es herrscht Vollbeschäftigung. »Man sucht laufend nach Mitarbeitern in allen Bereichen«, sagt Bernard Bauer, geschäftsführendes Vorstandsmitglied der Deutsch-Tschechischen Industrie- und Handelskammer. Internationale Konzerne haben die Metropole an der Moldau zum Brückenkopf für die Eroberung der mittel- und osteuropäischen Märkte gemacht. Walt Disney begründete hier sein Europazentrum für Handy- und Internetspiele.

Längst sind an Prags südlicher Ausfallstraße ganze Geschäftsviertel neu errichtet worden oder im Bau, glitzernde Gebirge aus Glas und Beton. Anderswo entstehen Wohnblocks und Bürobauten von ungekannter Buntheit, die mit ihren geschwungenen Formen durchaus neue Maßstäbe der Modernität setzen. Und lange stritt man auch über den Bau neuer Wolkenkratzer im südlichen Stadtteil Pankrác, früher bekannt für sein Gefängnis, heute eine Großbaustelle, auf der bereits im Kommunismus drei Hochhäuser errichtet wurden.

Bürgerinitiativen und Denkmalschützer sind in Sorge, die Neubauten könnten, auch wenn die historische Altstadt einige Kilometer entfernt liegt, das Weichbild der Stadt verzerren und die optische Dominanz des Veitsdoms und der Burg gefährden. Gleiches fürchtet man von Wolkenkratzern im nördlichen Stadtteil Holešovice. Die Hüter des UNESCO-Weltkulturerbes gaben sich alarmiert und besorgt, hielten ein Einschreiten aber nicht für notwendig. Untere Dienststellen der Stadtverwaltung aber gaben, bereits ehe die UNESCO abwinkte, den Bauherren schon immer wieder grünes Licht.

Prag steht unter Druck – dem Druck des ausländischen Kapitals und dem Druck seiner sich formierenden Bürger. Oberbürgermeister Pavel Bém hatte das acht Jahre lang auszuhalten. Der Endvierziger, Psychiater von Beruf, kam 2002 ans Ruder und wurde 2006 mit 54,4 Prozent wiedergewählt. Er führte zeitweise die Liste der beliebtesten Politiker Tschechiens an, nachdem er als Bergsteiger die Spitze des Mount Everest erklommen hatte. Bém war auch stellvertretender Vorsitzender der konservativ-liberalen Bürgerdemokraten (ODS), Präsident Václav Klaus galt als sein Förderer. Sein Stern begann jedoch zu sinken, nachdem er in innerparteilichen Machtkämpfen seinen Gegnern unterlegen und außerdem durch eine Reihe von Korruptionsskandalen selber ins Zwielicht geraten war.

Auch seine Stadtentwicklungspolitik war oft umstritten. Béms Idee von Prag war die »einer modernen Stadt, die nichts von ihrem historischen Zauber verliert«. Da nun einmal die Gestaltungsunfähigkeit des kommunistischen Regimes unabsichtlich die Magie des Historischen erhalten habe, »können wir aus den Fehlern anderer lernen«, meinte der Oberbürgermeister in einem Interview. »Wir wollen sensibler sein, wir haben mehr moderne Werkzeuge zur Verfügung, und die wollen wir benutzen.«

Jede Stadt braucht nach Ansicht Béms moderne Architektur, und der Hochhausbau von Pankrác stellt für ihn nur die Komplettierung einer urbanistischen Aufgabe in einem relativ kleinen Gebiet dar. »Prag wird sicher keine Stadt von Wolkenkratzern werden«, sagte er, »aber die Koexistenz von Alt und Neu ist möglich. Jedenfalls bleibt das geschützte historische Areal strikt für jede Baumaßnahme gesperrt.«

Eine Beschleunigung der Stadtentwicklung versprach sich der Konservative von einem Sportevent – Prag bewarb sich um die Olympischen Sommerspiele 2016, ohne Chancen. Pavel Bém verstand es als Fanal für einen späteren Erfolg, andere Bürgermeister zeterten, die Hauptstadt wolle wieder einmal zu Lasten anderer das große Geld abfassen. Auch in Prag gab es Unmut, auch aus anderen Gründen. Das Projekt einer neuen Nationalbibliothek auf dem Letná-Hügel fuhr sich fest, der futuristische Entwurf des Londoner Exil-Pragers Jan Kaplický scheiterte am Lavieren des Oberbürgermeisters. Und die Prager Theater waren in Aufruhr wegen einer Kürzung von Mitteln und einer Strukturreform.

Auf Kritik stößt, wie in jeder Großstadt, auch die Stadtplanung, denn hart prallen die Interessen aufeinander. »Es gibt keine Vision von Prag«, sagt Richard Biegel, Assistent am Kunsthistorischen Institut der Karlsuniversität. Der Zweiunddreißigjährige ist Geschäftsführer des Vereins »Für das Alte Prag« und kritisiert vehement »den Filz zwischen

Großinvestoren und politischer Vertretung«, ferner zweifelhafte Expertengutachten sowie Struktur- und Verfahrensmängel im Denkmalschutz. Vor allem fehle es in manchen Bereichen an klaren Regeln, sagt Richard Biegel beim Bier im alten Mühlencafé auf der Kleinseite, »und wenn man keine Regeln hat, dann ist alles möglich«. Das historische Zentrum, so sehr er es liebt, ist für ihn »in hohem Maße ein Potemkinsches Dorf für die Touristen geworden«.

Noch so ein Problem. Prag ist eine der meistbesuchten Städte Europas, rund vier Millionen Touristen werden pro Jahr gezählt, durchschnittlich also elftausend am Tag. Wo sie in Massen vorbeiziehen, sind längst die normalen Geschäfte jenen Souvenirläden gewichen, die nur noch böhmisches Kristall, Bierkrüge und T-Shirts mit dem Aufdruck »Praha Drinking Team« verkaufen. Wegen steigender Preise ziehen jährlich Tausende Prager aus dem Zentrum aufs Dorf oder in die Plattenbauten an der Peripherie. Und wer dorthin fährt, zum Beispiel nach Modřany, erkennt schon an den kilometerlang auf Wände und Straßenbahn-Haltestellen aufgesprühten Hässlichkeiten, dass manche junge Männer mit den neuen Verhältnissen offenbar nicht einverstanden sind. Die Polizei scheint hilflos zu sein, sie ist auch viel zu schwach besetzt.

Schon die Bändigung des Verkehrs überfordert ihre Kräfte, aber das ist in Prag nicht verwunderlich. Zwar nutzen die Prager zu siebenundfünfzig Prozent, also überdurchschnittlich stark, im Alltag die hervorragend funktionierenden Straßen- und U-Bahnen, die auch bei internationalen Vergleichen des öffentlichen Nahverkehrs stets in der Spitzengruppe liegen. Gleichwohl gibt es permanent Staus, in der Stadt sind mehr als achthunderttausend Fahrzeuge gemeldet. Darunter sind sehr viele Altautos, die ebenso wie die zahlreichen Industriebetriebe dazu beitragen, dass Prag so sehr mit Staub und Smog zu kämpfen hat. Viele Menschen plagt zudem der Straßenlärm, vor allem an der Nord-Süd-Magistrale, die nah am Zentrum vorbeiführt, eine Erblast der Kommunisten. Empörte Anwohner haben vor Gericht Maßnahmen zur Lärmeindämmung durchgesetzt.

Aber echte Abhilfe wird wohl erst geschaffen sein, wenn das fertig ist, was im Büro von Jan Heroudek, dem Leiter der Verkehrsabteilung im Magistrat, als Projektskizze hinter einer großen Zimmerpalme an der Wand hängt. Es ist der große Prager Verkehrsplan, von roten, grünen und schwarzen Linien durchzogen. Straßen, Tram- und U-Bahn-Netze werden zügig ausgebaut, demnächst soll insbesondere der Autobahnring um Prag geschlossen sein, sodass die Prager endlich vom Durchgangsverkehr verschont bleiben. »Das ist natürlich das größte Problem, dass die Infrastruktur mit der ökonomischen Entwicklung nicht Schritt gehalten hat«, sagt Jan Heroudek. Aber wenn der Rückstand aufgeholt ist, dann wird in Prag eine City-Maut eingeführt. Jetzt schon darf man in den Innenstadtbezirken an den meisten Stellen nur noch parken, wenn man eine Anwohnerplakette hat. Es ist sehr ratsam, gerade für Touristen, auf die Parkverbote sorgsam zu achten, denn die Polizei ist rasch dabei, ein verkehrswidrig abgestelltes Fahrzeug abzuschleppen.

Sollte Prag, was heute schwer vorstellbar ist, am Ende noch eine ruhige Stadt mit frischer Luft sein? »Es kann, es muss und es wird«, sagte der Oberbürgermeister Pavel Bém im Interview, »natürlich auf dem Level, das einer Millionenstadt entspricht. Wir nehmen einen großen Teil des Autoverkehrs aus der Stadt heraus.« Auch der Flughafen wird ausgebaut. Das alles ist Gegenstand heftiger Debatten, aber jedenfalls können sich die Prager darüber in einem eigenen Infozentrum des Magistratsgebäudes informieren. Auf einer Batterie von Bildschirmen gleiten Züge und Autos der Zukunft über neue Brücken und durch neue Tunnel in eine schöne neue Welt, die das alte Prag umschließen soll.

Aber die Stadt hat noch andere Projekte auf der Liste der Neuerungen. Der Wenzelsplatz, von bierseligen Briten und afrikanischen Drogendealern behelligt, wird neu gestaltet, desgleichen das Nationaltheater, das Nationalmuseum und der Altstädter Ring. Auch Kaiser Karl IV., der einst das Heilige Römische Reich von Prag aus regierte und der Stadt zu ihrem goldenen Glanz verhalf, wird immer wieder in der Gegenwart gebraucht. Schon zwei Wochen nach dem Festchen in der Neustadt, am 7. April 2008, beging man den sechshundertsechzigsten Jahrestag der Gründung der Karlsuniversität.

Rendezvous unterm Schweif

Der Wenzelsplatz als wichtiger Erinnerungsort soll wieder Stil und Würde erhalten

Man merkt bald, dass etwas nicht in Ordnung ist mit diesem Platz, und spätestens, als der dunkelhäutige junge Mann mit dem glasigen Blick im Entgegenkommen hastig etwas von Haschisch durch die Zähne stößt, ist die Sache klar. Es stimmt, was in den Prager Zeitungen steht: dass dieser Platz trotz all seines Ruhms in der Welt und all seiner historischen Bedeutung verkommen ist zu einem traurigen, schmutzigen, lauten Boulevard. Vor allem nachts, wenn eine solche Stadt auf einem solchen Platz all ihre Vitalität und Fantasie nach außen kehren, all ihre Einwohner und Gäste mit Energien für den nächsten Tag aufladen könnte, dann regiert hier neonfarben die vom kleinen Profit gesteuerte Tristesse.

Es ist nicht viel Betrieb an diesem Abend, der Wind weht eine leere Plastiktüte übers Pflaster, aus einer Discohöhle dröhnt stampfender Stumpfsinn an die Außenwelt. Prostituierte stehen beisammen und halten Ausschau, auch Taxis lauern, und eine Gruppe biergeschwächter Schotten im karierten Tartan-Rock ist noch auf Abenteuer aus. Allenthalben fallen Afrikaner auf, die mit fliehendem Auge etwas zu kontrollieren scheinen. In einem Kastenwagen sitzen Polizisten und überschauen den Platz.

Blumen stehen in Beton. Kein Ort der Schönheit, dieser Wenzelsplatz bei Nacht. Was hier auf siebenhundertfünfzig mal sechzig Metern im Geviert so sehenswert ist an Baukunstwerken aus der Zeit des Jugendstils, mehrere Hotels und Geschäftshäuser zum Beispiel, geht unter im Überangebot verhunzter Fassaden und im grellen Glast der Lichtreklamen von Bierhäusern, Kasinos, Kinos oder Weltfirmen, die hier ihre Niederlassungen haben. Prager gehen hier nicht häufig hin, höchstens am Tag, zum Einkaufen und zur Arbeit in den umliegenden Büros.

So soll es nicht bleiben, da ist sich die zuständige Kommunalbehörde einig mit jenen Bürgern, darunter zahlreiche Immobilieneigentümer und Unternehmer, die ihren Protest gegen die Verwahrlosung des urbanen Zentrums in zwei Vereinen artikulieren. Abhilfe naht nun in Gestalt eines Architektenwettbewerbs, den der zuständige Stadtbezirk Prag 1 veranstaltete und der ein reges Interesse fand. Vladimir Vihan, der bürgerlich-konservative Bürgermeister des ersten Stadtbezirks, erklärte, wie er sich die Sache vorstellt: Die dreihundert Parkplätze sollen verschwinden, nur Behinderte und Zulieferer dürfen künftig länger halten. Ansonsten lautet die Vorgabe: mehr Platz zum Wandeln, mehr Bänke und Bäume, weniger fettschwadige Wurstbuden und Verkaufsstände für Billigkram. Reklametafeln, Abfalleimer und vielleicht auch die vierzehn Rotlicht-Clubs im Umfeld sollen neu verteilt werden.

Mehr Stil also, mehr Würde, es geht hier schließlich um den Wenzelsplatz, den die Tschechen Václavské náměstí und im Hausgebrauch den Václavák nennen. Ein Ort, auf dem sich wichtige Ereignisse ihrer Geschichte vollzogen haben, meist dann, wenn es das Volk für nötig hielt, politisch aktiv zu werden: 1848 gegen das Habsburger Regime, 1918 für die neue tschechoslowakische Republik, 1968 gegen die Niederschlagung des Prager

Frühlings, schließlich 1989, um den Kommunismus zu beenden; Václav Havel und Alexander Dubček sprachen damals hier vor Hunderttausenden.

1848 erhielt der seinerzeit schon fünfhundert Jahre lang bestehende Rossmarkt den Namen Wenzelsplatz, 1912 wurde am oberen Ende die Reiterstatue des Nationalheiligen Wenzel, gefertigt von Josef Václav Myslbeck, errichtet. Seither war dies ein Ort für Rendezvous »unter dem Schweif«, wie die Prager sagen. Zudem ist dieser Wenzelsplatz so sehr ein Schauplatz symbolischer Selbstvergewisserung, dass man in Archiven sicher unzählige Fotos findet, die den Gang der tschechischen Geschichte aus der Perspektive dieses Monumentes zeigen, mit Wenzel und dem Gaul im Vordergrund.

Václav, der Reiter, wurde vor einiger Zeit restauriert, er war in graue Gaze gehüllt. Und wenn die Wünsche der Bürgerinitiativen und vieler anderer Prager in Erfüllung gehen, dann wird in einigen Jahren auch noch die sechsspurige Stadtautobahn verschwinden, die das Denkmal vom Nationalmuseum trennt und die seit rund dreißig Jahren als Nord-Süd-Magistrale täglich eine Unmenge Autos am Wenzelsplatz vorbeischleust. 2010 waren es an die Hunderttausend täglich, sie sollen ihren Weg durch einen unterirdischen Tunnel nehmen, den die Stadt Prag und die tschechische Regierung in der Nähe bauen wollen. Auch das indessen ist nicht unumstritten. Auch die Wiederkehr der Tram und der Bau von Tiefgaragen sind in der Diskussion, eine endgültige Lösung wird wohl noch eine Zeit lang brauchen. Falls nicht das Volk zuvor dagegen demonstriert, dass dies jetzt alles schon viel zu lange dauert. Wo diese Kundgebung stattfinden könnte, ist leicht zu erraten.

Im goldenen Schimmer der Nacht

Der langwierige Streit zwischen Kirche und Staat um den Veitsdom

Manchmal, in stiller Nacht, wenn sie erhaben daliegt über den Dünsten der Stadt, dann ist es, als wäre ein goldener Glanz um sie. Und kommt man ihr näher, ersteigt den Burgberg und betritt mit einsam hallendem Schritt den dritten Burghof, so sieht man tatsächlich Gold aufblitzen an ihrem südlichen Portal, dem »goldenen Tor«. Die Kathedrale des heiligen Veit trägt dort seit über sechshundert Jahren ein Mosaik, das Christus in einer Mandel sitzend als Weltenrichter zeigt, von Engeln umschwebt, von Böhmens großen Heiligen angebetet. Große Teile des Bildes sind aus goldenen Steinchen geformt.

Auch ein ornamental verschlungenes Fenstergitter ist vergoldet, ebenso sind es Zeiger und Ziffern der Turmuhr sowie der böhmische Löwe an der Turmspitze. Das Licht, das die Lampenbatterien vom gegenüberliegenden Dach der Präsidialkanzlei auf die Kirche werfen, erzeugt also einen goldenen Schimmer. Wo würde das besser passen als gerade an diesem Bauwerk, gerade in dieser Stadt?

Prag glänzt, der Veitsdom glänzt, und dass wir es bei ihm mit einem Kunstwerk von besonderer Schönheit und Bedeutung zu tun haben, darüber sind sich mit dem Prager Erzbischof sogar die Kommunisten einig. Aber nicht darin, wer das Gotteshaus besitzen soll. Erstaunlicherweise gehört es nämlich, und daran sind die Kommunisten schuld, nicht der Kirche – nicht mehr und noch nicht wieder und vielleicht auch überhaupt nie mehr.

Wie immer in Prag muss man Jahrzehnte und Jahrhunderte zurückblicken, um Gegenwärtiges zu verstehen. Als 1948 in der Tschechoslowakei die Kommunisten die Macht ergriffen, da wurde die katholische Kirche brutal verfolgt. Ihre Priester wurden inhaftiert und zur Arbeit als Heizer oder Handwerker gezwungen, ihr Besitz wie der der anderen Religionsgemeinschaften großteils eingezogen. 1954 erklärte das Politbüro des Zentralkomitees der KPČ zudem den Veitsdom als Teil der Prager Burg zum Volkseigentum, und bis zum Untergang des Kommunismus im Jahr 1989 war daran nicht zu rütteln.

Dann aber, 1992, begann das Prager Erzbistum zu prozessieren, und 1994 sprach die Richterin Libuše Fritzová vom Gericht des ersten Prager Stadtbezirks das Gotteshaus der Kirche zu. Die Berufungsinstanz hob das Urteil wieder auf, und im Jahr 2005 entschied dieselbe Richterin ein zweites Mal im selben Sinn: Die Kathedrale, der nahegelegene Pulverturm, die Neue Probstei und einige weitere Gebäude in der Vikarsgasse seien dem Domkapitel zu überstellen. Wieder kündigte die staatliche Vermögensverwaltung Berufung an, wieder ging ein Staunen und Raunen durchs Land, wieder erklärten die Kommunisten, der Dom sei doch so eng mit der Landesgeschichte verbunden, dass er nicht der Kirche alleine gehören dürfe.

Die KP, wiewohl nach der Revolution von 1989 keineswegs geläutert, steht keineswegs allein mit dieser Position. Vielmehr denken die wichtigsten Führer der anderen politischen Parteien ebenso, ausgenommen die Christdemokraten, die aber unbedeutend sind. Konservative sind sich in diesem

Punkt durchaus auch mit Sozialdemokraten einig: Der Veitsdom soll allen gehören. Das hat damit zu tun, dass mehr als die Hälfte der zehn Millionen Tschechen keiner Religionsgemeinschaft angehören und dass von weiteren rund 2,7 Millionen, die als Katholiken eingeschrieben sind, nur ein kleiner Teil auch praktiziert. Tschechien hat auch kein Konkordat mit dem Vatikan, ein Entwurf schmort schon seit 2002 im Parlament, weil umstritten ist, welche Stellung die Kirche in der Gesellschaft haben und wie viel von ihrem enteigneten Besitz ihr zurückgegeben werden soll. Im Ganzen geht es um Gebäude, Grundstücke und andere Immobilien im Wert von mehr als drei Milliarden Euro, ein anderer Teil des Eigentums wurde bereits in den vergangenen Jahren restituiert.

Im Fall des Veitsdoms liegt eine Verschränkung des Politischen mit dem Religiösen vor, die ihresgleichen sucht, und die den Streit um seinen Besitz zu einem Paradoxon macht. Kaiser Karl IV. wollte die 1344 grundgelegte gotische Kathedrale als Dominante der Burg, die Burg als Dominante Prags und Prag als Dominante des Kaiserreichs, wie der Autor Zdeněk Mahler schreibt. In diesem Sinne wurde der Dom, der die Gruft des Nationalheiligen Wenzel und die Krönungskleinodien birgt, im Mittelalter zur Krönungskirche und zur Grablege der böhmischen Könige. Die Grabkapelle des heiligen Wenzel mit ihren Kronjuwelen ist bis heute nur mit sieben Schlüsseln zugänglich, die sieben verschiedene Staats- und Kirchenführer verwahren – eine mittelalterliche Sicherheitsmaßnahme.

Jahrhundertelang war der Bau nur zur Hälfte dessen ausgeführt, was heute zu sehen ist. Als er 1929 zu Wenzels tausendstem Todestag vollendet wurde, geschah dies wiederum im Geiste stolzer Rückbesinnung des neuen tschechoslowakischen Staates und seines Präsidenten Tomáš Garrigue Masaryk auf die mittelalterliche Vorgeschichte des Königreichs Böhmen. Der Dom gilt vielen Tschechen deshalb als stärkstes Wahrzeichen ihrer Staatlichkeit, zumal er mitten im Hof der Prager Burg liegt, die wiederum nicht nur ein Touristenziel der Weltspitzenklasse, sondern auch der Sitz des tschechischen Staatspräsidenten ist.

Als ein Redakteur der Zeitung *Mladá Fronta Dnes* dies vor ein paar Jahren dem Prager Kardinal Miloslav Vlk vorhielt, entgegnete der, die Kathedrale sei aber einst aus Mitteln der Kirche gebaut worden, die Tschechen seien damals ja Katholiken gewesen und Karl IV. in ihr doch vom Erzbischof zum König gekrönt worden. Zudem lägen in ihr nicht nur die Könige, sondern auch die Erzbischöfe begraben – weshalb der Veitsdom ein Symbol der Zusammenarbeit von Kirche und Staat sei. Lange jedoch sah diese Kooperation so aus, dass ein Priester, bevor er im Veitsdom die Messe lesen konnte, den Schlüssel bei der Burgverwaltung holen musste. Und darüber, ob und in welcher Höhe Eintritt erhoben wurde, hatte ebenfalls der Staat zu befinden.

Achtzehn Jahre währte der Rechtsstreit zwischen dem Domkapitel und der Burgverwaltung, die politisch vom Staatspräsidenten geführt wird. Man bekämpfte sich durch mehrere Instanzen, und mal war das Glück auf der einen, mal auf der anderen Seite. Zuletzt entschied im März 2009 das tschechische Oberste Gericht in Brünn gegen die katholische Kirche, dagegen legte das Domkapitel Verfassungsbeschwerde ein. Der damalige Erzbischof Kardinal Miloslav Vlk, der inzwischen pensioniert ist, drohte sogar mit der Anrufung des Europäischen Menschenrechtsgerichtshofs in Straßburg. Er bemängelte, in den entscheidenden Gremien der Justiz säßen allenthalben Richter aus kommunistischer Zeit, und er blieb bis zum Ende unbeugsam.

Sein Nachfolger Dominik Duka hingegen, der im April 2010 ins Amt kam und der schon lange gute Kontakte zu Staatspräsident Václav Klaus unterhielt, zeigte sich flexibler und führte rasch eine Übereinkunft herbei. Demnach ist künftig die Burgverwaltung für den baulichen Erhalt der Kathedrale zuständig, das Domkapitel verantwortet die Nutzung. Ein Beirat soll bei Meinungsunterschieden schlichten. Die noch anhängigen juristischen Verfahren wurden beendet, damit erkannte die Kirche das Eigentumsrecht des Staates an. Erzbischof Duka wusste den Kompromiss mit einem salbungsvollen Kommentar zu loben: »Die Kathedrale erlebte stets dann eine Blüte, wenn Kirche und Staat sie gemeinsam pflegten und sie zum Vorteil beider Seiten genutzt wurde.«

Im Salto auf die Matratze

Prager Fenstersturz? Es gibt drei davon. Einer wurde am Neustädter Rathaus nachgespielt

Es gab nicht nur den einen, den berühmten, der den Dreißigjährigen Krieg auslöste, sondern eine ganze Reihe. Der Fenstersturz ist in der Prager Geschichte ein probates Mittel der politischen Konfliktlösung geworden, wenn auch ein grausames. Denn harmlos ist es ja keineswegs, von einer aufgebrachten Menge oder einem finsteren Geheimagenten durch eine Maueröffnung gezwängt und ins Freie gestoßen zu werden. Als Erste erfuhren das jene sieben Ratsherren, die sich zusammen mit ihrem Bürgermeister und einem Richter am 30. Juli des Jahres 1419 im Rathaus der Prager Neustadt aufhielten, als vor diesem gotischen Gebäude eine große Zahl lärmender Menschen mit Speeren, Spießen, Dreschflegeln und anderen Waffen erschien.

Es waren Hussiten, Anhänger des tschechischen Reformators Jan Hus, der mehr als hundert Jahre vor dem Deutschen Martin Luther die Ablassgeschäfte der katholischen Kirche und ihren weltlichen Besitz attackiert hatte und nur die Heilige Schrift als Grundlage der christlichen Lehre gelten lassen wollte. 1415 hatte er diese ketzerische Kühnheit auf dem Konzil in Konstanz mit dem Tod auf dem Scheiterhaufen büßen müssen, obwohl ihm doch von Kaiser Sigismund, dem Sohn des Prager Lieblings Karls IV., freies Geleit versprochen worden war.

Ein Aufschrei der Empörung war in Böhmen die Folge. Und dann, vier Jahre später, hatten etliche seiner Prager Gefolgsleute bei einer Eucharistiefeier gemäß ihren neuen Vorstellungen das Abendmahl nicht nur in Form einer Hostie, sondern auch in Form von Wein zu sich genommen – eine Häresie, für die sie ins Gefängnis geworfen wurden. Die Kelchkommunion war nach katholischem Amtsverständnis dem Klerus vorbehalten, hingegen forderten die Hussiten den »Laienkelch«.

Und jene aufrührerische Masse, die da am 30. Juli 1419 unter Führung des radikalen Predigers Jan Želivský aus der Kirche »Maria im Schnee« vor das Neustädter Rathaus zog und Radau schlug, verlangte die sofortige Freilassung der Eingekerkerten. Der Bürgermeister, die Ratsherren und der Richter widersetzten sich, da stürmte die Menge das Rathaus und warf sie aus dem Fenster. Sieben Meter stürzten sie herab, und wer von ihnen den Aufprall am Boden überlebte, den metzelten die Aufrührer erbarmungslos nieder. Wenig später starb Böhmens König Wenzel IV., Sigismunds Bruder, der die Hussiten von allen Staats- und Kirchenämtern fernzuhalten getrachtet hatte. Es wurde das Fanal zu einer Revolution, die als Hussitenkrieg in die Geschichte einging und die ein Kernstück tschechischer Nationalidentität bildet.

Eigentlich kein Ereignis, das zu folkloristischer Wiederbelebung einlädt, und doch hat im Sommer 2009 die Verwaltung des zweiten Prager Stadtbezirks genau dies versucht. Sie nahm den fünfhundertneunzigsten Jahrestag dieses ersten Prager Fenstersturzes zum Anlass, die Prager Bürger und Touristen zu einem sommerlichen Schaustück auf den Karlsplatz vor dem Neustädtischen Rathaus einzuladen. Buden und Zelte waren aufgebaut, nach mittelalterlicher Art mit Wimpeln verziert. Dort gab es Bier und Wein und jene fetthaltigen Würste und Kartoffelpuffer zu kaufen, die der tschechischen Imbisskultur ihr eigenes Gepräge geben.

Zudem war eine historische Vereinigung aufgeboten, den Besuchern das Töpfern oder Brotbacken nach Art des 15. Jahrhunderts zu zeigen. Ein Henkersknecht führte seine Folterinstrumente vor, vier Musiker reproduzierten mittelalterliche Weisen, und zwei Soubretten erzählten vor einer Theaterwand die erschröckliche Geschichte des Sommers 1419. Der spektakuläre Höhepunkt war an einem Freitagabend die theatralisch unernste Wiederholung jenes Fenstersturzes, nachgestellt von Akteuren in historischen Kostümen und Stuntmen, die man sich beim Film auslieh.

Begleitet von Trommelschlägen zog die Truppe mit einer roten und einer schwarzen Fahne, auf der ein Kelch prangte, zum Rathaustor. Dort harrte wie 1419 eine vielhundertköpfige Menge – diesmal nicht aus religiösen Eiferern, sondern aus sensationshungrigen Bürgern und Touristen mit Digitalkameras bestehend. Vom Darsteller des radikalen Predigers Jan Želivský ließen sie sich animieren, wiederholt »Hr na ne!« (Auf sie!) zu schreien. Und binnen Kurzem flogen dann tatsächlich aus einem der hohen Fenster drei Kaskadeure im historischen Gewand mit gekonntem Salto hinunter auf den Platz, wo eine große, besonders fest gefederte Matratze sie zu unverletzter Landung empfing. Blut floss nicht bei diesem klamaukhaft überformten Gewaltakt, sondern Bier.

Dass die beiden anderen bekannten Prager Fensterstürze in ähnlicher Weise nachgestellt werden könnten, ist nicht zu erwarten. Die 1618 stattgehabte

Defenestration, die das Signal zum Dreißigjährigen Krieg gab, wäre am Originalschauplatz, einem Seitenflügel des Alten Königspalais auf der Prager Burg, nur schwer zu wiederholen. Das Terrain ist abschüssig und Zuschauern kaum zugänglich, außerdem müsste der Staatspräsident als Burgherr seine Einwilligung geben. Was soll's auch? Das einschlägig bekannte Fenster der einstigen Hofkanzlei, aus dem am 23. Mai 1618 eine Gruppe protestantischer böhmischer Adliger zwei Statthalter des katholischen Kaisers samt ihrem Schreiber hinausbeförderte, wird heute den Touristengruppen ja ohnedies bei jeder Führung ausgiebig gezeigt.

Der vorerst letzte in der Reihe der politisch spektakulären Prager Fensterstürze war vermutlich nichts anderes als ein gemeiner Mord, der mit der Machtergreifung der Kommunisten in der Tschechoslowakei in Zusammenhang stand. Am 10. Mai 1948 wurde im Innenhof des Außenministeriums der damalige Außenminister Jan Masaryk, ein Sohn des tschechoslowakischen Staatsgründers Tomáš G. Masaryk, tot aufgefunden, im Schlafanzug. Nach neueren Erkenntnissen hat ihn zwischen Mitternacht und Morgen jemand aus dem Fenster des Badezimmers seiner Dienstwohnung im obersten Stock hinausgestürzt. Als Täter kommt nach Angaben eines russischen Publizisten ein Offizier des ehemaligen sowjetischen Geheimdienstes NKWD in Frage. Für eine touristische Verwertung ist dieser Vorfall deshalb eher ungeeignet.

Der Spitzel im Turm

Wie der kommunistische Geheimdienst früher die Leute auf der Straße beobachtete

Immerhin, eine menschliche Regung. Der böse Mann, der hier oben saß, muss ein Fußballfan gewesen sein. Verblasste Zeitungsfotos mit Spielszenen kleben noch an einer Bretterwand, darunter hängt die Liste der Spiele der Fußballweltmeisterschaft in Mexiko 1986. Mit Tinte hat der Unbekannte darauf die Spielergebnisse eingetragen. Ansonsten notierte der Spion an seinem schmalen Schreibtisch in fünfundsiebzig Metern Höhe gewisse Dinge, die weniger harmlos waren. Wer kam aus welcher Botschaft und ging in welches Lokal? Wer traf dort unten wen auf dem Bürgersteig? Was nahm der junge Mann, es könnte ein Westler gewesen sein, gerade aus der Brieftasche, um es der wartenden Frau zu geben? Tauschte er schwarz Geld und meinte, niemand sähe ihn dabei?

Hier oben auf dem Turm saß einer, der alles beobachtete, ein Observationsfoto hängt an der Wand. Es ist heute ein Ausstellungsstück, denn in der Spitze des Glockenturms von St. Nikolaus auf der Kleinseite in Prag befindet sich seit Frühjahr 2010 ein skurriles zeitgeschichtliches Museum. In seltener Anschaulichkeit vermittelt es einen Eindruck davon, wie zu Zeiten der kommunistischen Diktatur die ausländischen Diplomaten und die einheimischen Regimegegner überwacht wurden.

Der tschechoslowakische Staatssicherheitsdienst

(Státni Bezpečnost), im Volksmund StB genannt, unterhielt in Prag bis 1989 rund siebzig solcher Beobachtungsposten – in Amtsgebäuden ebenso wie auf Türmen oder in Hotels. Die hohe Warte der Nikolaus-Kirche blieb als Einzige unverändert erhalten, nur führt inzwischen auf dem letzten Stück des Weges statt einer Leiter eine neue Treppe hinauf. Dreihundertdrei Stufen sind es insgesamt.

Ein Student, der die graue Uniform der früheren Sicherheitspolizei trägt, empfängt die Besucher, die hier in vierzig Jahre Kommunismus eintauchen wollen. Sie bekommen neben einer kargen Büroausstattung und Informationstafeln auch technische Geräte zu sehen: Fernsprecher, Radiotransmitter, Fernrohre oder Minirecorder und Minikameras, die in Damenhandtaschen eingebaut waren. Damals waren sie der Stolz der Technischen Direktion des Innenministeriums, heute, im Zeitalter des iPhone, wirken sie seltsam ältlich.

Nicht weniger als zwölf ausländische Botschaften lagen im Umkreis von St. Nikolaus, darunter die der Bundesrepublik Deutschland, der USA und Frankreichs. Man beobachtete sie mit Kameras nicht nur vom Turm aus, sondern auch aus geheimen Räumen, die in direkter Nähe der diplomatischen Vertretungen lagen, beispielsweise in einem gegenüberliegenden Haus. In einem Hotel beim Hradschin fand man 1989 nach der Wende unterm Dach einen Raum, von dem aus die Spitzel des StB den Aufgang zur Prager Burg beobachtet hatten. Auch mehrere Maschinengewehre waren dort noch aufgebaut.

Der Posten im Kirchturm firmierte im Jargon der Geheimen unter dem Codenamen »Kajka« (Eiderente). Von seiner Existenz wussten auch die Dissidenten. Nach Auskunft der Behörde für die Aufarbeitung der früheren Geheimdienstakten trafen sich Regimegegner, wenn sie illegale Schriften tauschen wollten, hin und wieder direkt am Fuß des Glockenturms. Gerade dort reichte nämlich der Blick der Observanten aus der Höhe nicht hin.

Vorsicht, Taxi!

Auch ein verkleideter Oberbürgermeister konnte den Betrug mit überhöhten Tarifen nicht stoppen

Pavel Bém war damals zweiundvierzig, ein schlanker, sportlicher Typ, und man hätte den Prager Oberbürgermeister durchaus für einen ausländischen Touristen oder für einen Rockmusiker halten können, wenn man ihn irgendwo ins Taxi steigen sah. Noch heute wäre das so. Vor allem dann, wenn er sich zurechtmacht, sich zum Beispiel ein paar Tage lang nicht rasiert, ein Bärtchen anklebt, eine Sonnenbrille und eine Wollkappe aufsetzt, dazu eine lässige Jacke trägt. Im Februar 2006 hat er sich auf diese Weise verkleidet, und er hat sich dabei von Reportern der Zeitung *Mladá Fronta Dnes* begleiten und fotografieren lassen. Denn wieder einmal war er, auf Einladung der Zeitung, unterwegs als Undercover-Agent, um die Prager Taxifahrer auf die Probe zu stellen.

Den Chauffeuren der tschechischen Hauptstadt hängt ein miserabler Ruf an. Sie gelten – nicht alle, aber etliche – als Betrüger, die ausländischen Touristen überhöhte Preise abverlangen, was diesen wegen des Kaufkraftgefälles oft nicht einmal auffällt. Für eine Fahrt zwölf Euro hinzublättern, dünkt einem Münchner nach heimischem Maßstab nicht unbedingt viel Geld, in Prag ist dafür fast schon eine Fahrt aus der Innenstadt zum Flughafen zu haben. Ein Kilometer durfte dort 2006 laut amtlich festgelegtem Tarif fünfundzwanzig Kronen (neunzig

Cent) kosten – inzwischen liegt er bei achtundzwanzig Kronen. Hinzu kamen eine Startgebühr von dreißig Kronen und fünf Kronen je Minute Wartezeit. Wer also in Prag fünf Kilometer Taxi fuhr, sollte dafür nicht viel mehr als hundertachtzig Kronen (sechs Euro) berappen.

Im echten Leben aber sammelt man seit Jahren schon andere Erfahrungen. Da gibt es einerseits natürlich die seriösen Fahrer, die sichtbar das Taxameter in Gang setzen und die Quittung ausdrucken, und sie sind sicher die Mehrzahl. Man darf sie nur nicht am Hauptbahnhof oder am Bahnhof Holešovice suchen, wenn man spät ankommt und dringend einer Fuhre fürs Gepäck bedarf. Da kommt es vor, dass ein Taxist von einer Hauptbahnhofspauschale von tausend Kronen faselt und ein anderer sechshundertachtzig Kronen verlangt für eine Fahrt, die höchstens zweihundert wert wäre.

Es gäbe weitere Beispiele. Prager Reporter haben mehrfach Selbstversuche gemacht und Betrüger bloßgestellt, mit Foto und Namen, und die frühere SPD-Bundestagsabgeordnete Cornelie Sonntag-Wolgast hat sich nach misslichen Erfahrungen bei Tschechiens Botschaft in Berlin über »mafiöses und schandhaftes Verhalten« beschwert, das »eines EU-Landes unwürdig« sei. Die Prager Stadtverwaltung schickt seit Jahren regelmäßig Kontrolleure los, darunter US-Studenten. Im Jahr 2005 gab Oberbürgermeister Pavel Bém, ein führender Mann der Konservativen Demokratischen Bürgerpartei (ODS), schon einmal kostümiert den ahnungslosen Touri, einen Italiener. Er zahlte mal das Doppelte, mal das Sechsfache des Erlaubten, den ertappten Fahrern wurden dafür Bußen von umgerechnet vierzehnhundert und siebentausendfünfhundert Euro aufgebrummt.

Im Ganzen wurden 2005 bei tausendsechzig Stichproben in 17,9 Prozent der Fälle Delinquenten entlarvt. Daraufhin verschärfte die Stadt ihre Taxiordnung und entzog auch etliche Lizenzen, und Oberbürgermeister Bém meinte, die Situation habe sich nun wesentlich gebessert.

Der großen, als seriös geltenden Taxigenossenschaft AAA war das noch nicht genug. Mit einem Hupkonzert vor dem Rathaus untermalten zweihundert Fahrer die Forderung nach härterem Durchgreifen. »In Prag gibt es ungefähr dreitausendsiebenhundert Taxifahrer, und davon machen hundertfünfzig oder zweihundert unehrliche den anderen nur Schande«, wetterte der AAA-Geschäftsführer Jiří Kvasnička. Bald danach machte seine Firma nach dramatischem Kampf auch das Rennen um begehrte neue Taxistandplätze am Flughafen – gegen den wütenden Protest eines Konkurrenten, der zunächst in einer Ausschreibung siegte, aber dann doch abgewiesen wurde.

Dass Kontrolle weiter nottut, erfuhr Pavel Bém bei seinem zweiten Einsatz im Feld. Der Oberbürgermeister gab sich als Rockmusiker aus, sprach Englisch und ließ sich begleiten von einer Person, die sich mit einem Gitarrenkoffer tarnte. Man nahm zwei Taxis. Im ersten rundete der Fahrer beim Umrechnen des Fahrgelds in Euro stillschweigend aufs Doppelte auf, dafür verzichtete er auf die Ausgabe einer Quittung. Der zweite, ein Mann von AAA, war absolut korrekt. Den Herrn der Stadtverwaltung erkannte er nicht und gab auf Béms Fragen fröhlich Auskunft, wo man in Prag bei Nacht Marihuana und Girls für zwanzig Euro bekommen könne. Auch politisch wusste der Mann Bescheid. Als der Gast wissen wollte, wer denn im Rathaus zur Zeit an der Spitze stehe, erhielt er zur Antwort: »Irgend so ein Bém.«

Inzwischen ist Bém nicht mehr im Amt, nach einer Serie von Korruptionsskandalen und dramatischem Sympathieverlust trat er bei der Kommunalwahl im Herbst 2010 nicht mehr an. Das Problem mit den Taxifahrern aber bleibt. Die Kontrollen wurden verstärkt, es kam zu heftigen Konflikten, im Sommer 2009 sogar zu einer blutigen Schlägerei zwischen städtischen Polizisten und Taxifahrern, die einen Standplatz auf dem Altstädter Ring auf Anordnung des Magistrats nicht räumen wollten. Bei einer Stichprobe im Jahr 2010 belegte die Stadtverwaltung jeden dritten von insgesamt rund dreihundertfünfzig Chauffeuren mit einer Geldbuße, weil sie zu hohe Fahrpreise berechnet hatten.

Hauptstadt der Hunde

Die Liebe der Prager zu ihren Haustieren

Es war ein Tag der Trauer, und Dagmar Havlová ließ mitteilen, für sie, für ihren Mann und für die nahen Freunde sei dies »ein großer und schmerzlicher Verlust eines Familienmitglieds«. Die bekannte Prager Schauspielerin und Ehefrau des früheren Staatspräsidenten Václav Havel hatte den Tod ihrer Boxerhündin Sugar zu beklagen, die im Alter von vierzehneinhalb Jahren »im Kreise ihrer Angehörigen« entschlafen war. Sugar war, wie es in einer Pressemitteilung weiter hieß, »ehrenamtliche Mitarbeiterin« der Krebsstiftung Vize 97, die Dagmar und Václav Havel ins Leben gerufen haben. Und Sugar begleitete ihre Herrin regelmäßig ins Büro der Stiftung, »wo sie zu einem untrennbaren Bestandteil des Arbeitsteams wurde«.

Man mag es übertrieben finden, wenn um den Tod eines Hundes so viel Aufhebens gemacht wird wie im Jahr 2006 im Fall der Havels. In Prag jedoch fällt solch ein salbungsvoller Nekrolog weniger arg aus dem Rahmen als in anderen Teilen Europas. Die Tschechen nämlich sind nicht nur Europameister im Bücherlesen und im Biertrinken (wobei im letzteren Fall Millionen Touristen kräftig mithelfen), sondern sie haben auch ein großes Herz für Haustiere. Nach einer Untersuchung der Marktforschungsgesellschaft GfK Czech in Prag wird in einundvierzig Prozent der tschechischen Haushalte ein Hund gehalten.

Bei zehn Millionen Einwohnern und 4,2 Millionen Haushalten heißt dies, dass im Land nicht weniger als 1,7 Millionen dieser Tiere leben, die dem Menschen seit Jahrtausenden als Kulturfolger nahe sind. Anderswo ist dieser Anteil weit niedriger. In Deutschland beispielsweise liegt die Quote nach Angaben des Verbands für das Deutsche Hundewesen bei dreizehn Prozent der Haushalte, in Österreich bei fünfzehn Prozent. Nur Irland, Belgien und Frankreich reichen mit sechsunddreißig, siebenunddreißig und achtunddreißig Prozent einigermaßen an die Tschechen heran. »Wir sind eine Nation von Hundehaltern«, schrieb deshalb die Prager Zeitung *Mladá Fronta Dnes*. »Die Tschechen vergöttern die Hunde.« Von jenen neunundfünfzig Prozent, die keinen besitzen, hätten nach einer anderen Umfrage dreiundzwanzig Prozent gerne ebenfalls ein solches Tier, nur dass die Wohnverhältnisse oder andere Gründe dagegen stehen.

Besonders zahlreich sind die Vierbeiner, wie in anderen Ländern, natürlich auf dem Dorf. Aber auch in der Hauptstadt Prag mit ihren 1,2 Millionen Einwohnern gehören die Hunde zum Erscheinungsbild. Knapp achtundachtzigtausend sind hier amtlich gemeldet, allerdings dürfte ihre wahre Zahl nach Einschätzung von Experten um mindestens ein Drittel höher und also weit über hunderttausend liegen. Im Alltag teilt sich dies allein schon dadurch mit, dass in der Innenstadt recht häufig bei den Abfallkörben Behälter mit jenen hellbraunen Tüten zu finden sind, in die der Hundehalter die Exkremente seines Lieblings packen soll. »Damit sich Ihr Hund nicht zu schämen braucht«, wie die Aufschrift verkündet.

Zudem ist morgens und abends in der Dämmerung, wenn die Fäkalbedürfnisse der Tiere den Halter zum Gang auf die Gasse nötigen, eine Häufung von Hunden auf den Wegen zu den Grünflächen festzustellen. Auf der Kleinseite zum Beispiel, unterhalb des Klosters Strahov, offeriert der alte Abtsgarten reichlich Wiesen, Hänge und Gebüsche, die für eine Düngung dankbar sind. Aber auch am späteren Abend, wenn der Stammtisch ruft, werden die Hunde nicht unbedingt weggesperrt. In Altstadtkneipen wie dem Gasthaus »Zum aufgehängten Kaffee« unweit des Hradschin sind Dackel, Spitz und Labrador regelmäßig mit Herrchen oder Frauchen zu Gast. Sensibel steigt der Kellner mit seinen Seideln voller Bier über sie hinweg, wenn sie am Boden vor dem Tresen liegen. Und für den Hundedurst steht stets ein Wassernapf bereit.

In Prag gehört der Hund dazu, genauso wie das Bier, die Karlsbrücke, das Eishockey und der Jazz. Schon das Nationalepos des erprobten Kneipenhockers Jaroslav Hašek über die Abenteuer des braven Soldaten Švejk vermerkt ja im ersten Absatz, dass der Herr Švejk, nachdem er von der militärärztlichen Kommission endgültig für blöd erklärt worden war, sich in Prag durch den Verkauf von Hunden ernährte, »hässlichen, schlechtrassigen Scheusälern, deren Stammbäume er fälschte«. Und sein Feind, der k.u.k. Detektiv und Denunziant Bretschneider, endet dadurch, dass er von sieben dieser Scheusäler, die er von Švejk erworben hatte, aufgefressen wird.

Nach Prag ist sogar eine eigene Hunderasse benannt, der Pražský Krysařík (Prager Rattler), ein kleiner Pinscher, der in der Prager Burg und an den Adelshöfen einst die Ratten und Mäuse zu jagen hatte. Die liebste aller Rassen ist er den Tschechen aber nicht, dies sind vielmehr erstaunlicherweise der Deutsche Schäferhund, der Dackel und der Yorkshire Terrier. Ob Prag tatsächlich, wie in Kreisen von Kynologen verbreitet wird, die Stadt mit den meisten Hunden in Europa ist, lässt sich schwer nachprüfen. Wer in Sofia und Bukarest die große Zahl streunender Vierbeiner gesehen hat, die dort nach der Wende von 1989, oft aus finanziellen Gründen, in die Obdachlosigkeit entlassen worden waren, mag daran Zweifel empfinden.

In Prag wären solche Härten schwer denkbar. Dort gibt es sogar im Stadtteil Bohnice einen großen Hundefriedhof. Und dort sorgt man sich bei Wechselfällen des Schicksals auch um die Psyche der Tiere. Als der sozialdemokratische Parteichef und frühere Ministerpräsident Jiří Paroubek 2007 seine Ehefrau Zuzana verließ und sich einer Jüngeren zuwandte, da gab die resolute Zuzana Paroubková bald danach bekannt, sie leide unter dieser Trennung überhaupt nicht, und Andy auch nicht. Andy war der Dackel des Paares.

Der Tscheche als Originalgenie

Ein kleines Theater und ein Museum pflegen den Kult um den geheimnisvollen Jára Cimrman

Droben auf dem Laurenziberg, wo Prag am höchsten ist, dort sitzt Jára Cimrman am tiefsten. Im Untergeschoss eines eisernen Aussichtsturms, der nicht zufällig wie ein gestauchter Pariser Eiffelturm aussieht, hat man ihn untergebracht mit seinem Lerchenlockgerät, dem Dreifachhammer und der Pilsener Fasswaschanlage. Nebenan sind die Toiletten und die Putzräume zu finden. Kein unpassender Platz für ein verkanntes Genie, das in der Weltgeschichte nur als Schemen vagabundiert und dennoch die Herzen der Tschechen entflammt. »Jára Cimrman überlebt uns alle«, hat Václav Havel auf einen Zettel geschrieben, und natürlich hängt auch dieser Zettel an der Wand im amüsanten Panoptikum auf dem Laurenziberg. Dort hält er Zwiesprache mit Fotos, Apparaten und Alltagsaccessoires, die allesamt den verwehten Charme des k. u. k. 19. Jahrhunderts an sich tragen.

Damals waren Prag und Wien in diesem Teil Europas die Zentren der Gravitation. In diesem Orbit soll sich das Leben des Jára Cimrman erfüllt haben, dessen Name die tschechische Umschrift des deutschen Zimmermann darstellt und auch genauso ausgesprochen wird. Diverse Varianten seiner gänzlich ungesicherten Biografie besagen, der Geheimnisvolle sei um 1850, vielleicht auch 1857, 1864, 1867 oder 1892 in Wien geboren, der Standesbeamte habe im Geburtsregister die Jahreszahl infolge Trunkenheit orthografisch versaut. Cimrman war demnach der Sohn des tschechischen Hosenschneiders Leopold Cimrman und der österreichischen Schauspielerin Marlen Jelinková, die sich mit einem hierorts ausgestellten Fächer durch manche Operette gefächelt haben soll. Vom Vater ist im Laurenziturm ein schlecht genähtes Sakko vorrätig, vom Sohn eine Unzahl skurriler Schöpfungen, wie sie der Münchner Komiker Karl Valentin nicht schöner hätte ersinnen können.

Jára Cimrman, so erfahren wir, hat also, bevor er womöglich 1914 in Prag oder in Liptakov im Isergebirge verschwand, unter anderem einen Gummihandreisedrucker, ein Pilzsuchermesser, eine Reisezigarettendose sowie einen Gleiskraftwagen erfunden, mit dem er als reisender Dentist zu kleinen Bahnhöfen und Zugmeldeposten eilte. Ferner sind ein Feuerwehrfahrrad, ein Riesenkerzenlöscher, eine Spielkartenmischmaschine, eine Fliegenfalle und ein Stimmstärkenprüfgerät für Opernsänger überliefert. Die Fotos, die er mit einem eigens zur Durchdringung des Nebels ausgestatteten Apparat aufnahm, sind dezidiert verschwommen, und an der Büste, die von ihm ausgestellt ist, erkennt man seine Gesichtszüge rein gar nicht.

Auch auf diversen Gruppenfotos, etwa vom Kongress der europäischen Bierbrauermechaniker, sucht man ihn unter zwölf Dutzend ernsten Herren selbstverständlich vergebens.

Jára Cimrman ist ein Phantom, eine Kopfgeburt aus jener Zeit, als das Spinnen noch Spaß machte und der graue, dumme Kommunismus nach privatistischer Erheiterung verlangte. Damals, es war 1966, gab es in Prag eine Radiosendung namens

»Weinstube im Spinnennetz«, in der die Figur erstmals auftauchte. Ein Jahr später gründeten die Multitalente Zdeněk Svěrák und Ladislav Smoljak mit Freunden das Theater Jára Cimrman, das am 4. Oktober 1967 sein erstes Stück aufführte. Es hieß »Akt«.

Im Oktober 2007 wurde deshalb mit Glanz und Gloria das vierzigjährige Bestehen eines Unternehmens gefeiert, dessen Vorstellungen bis heute ständig ausverkauft sind und das schon ein halbes Jahr vor dem Jubiläum die einmillionste Schallplatte verkaufte. Einige der vierzehn produzierten Stücke haben mehr als tausend Aufführungen erlebt, und immer noch drängen sich die Menschen im Prager Stadtteil Žižkov in das anheimelnd altmodische Theater, um sich an den dadaistischen Blödeleien der Akteure zu ergötzen, die von jeher überwiegend Laienschauspieler sind.

Es wird Nonsens auf klassischer Höhe geboten, mit Fantastereien, Wortspielen und situativer Komik erzeugt. Laut Fama stammen alle Stücke aus dem Nachlass Jára Cimrmans und sind von Svěrák und Smoljak nur bearbeitet worden. Sie handeln allesamt von tapferen Tschechen. In wahren Wolkenbrüchen des Publikumsgelächters erlebt man sie bei Expeditionen zum Nordpol und zu den Menschenfressern, im Reich der Musik und im Sturzregen. Andere Abenteuer werden als Mord im Salon-Coupé, als Familiendrama oder gleich als Bühnensklerotikon angekündigt.

Die Stücke sind nach den Worten des Regisseurs und Schauspielers Ladislav Smoljak im Grunde »nicht politisch«, auch wenn die Zuschauer zu Zeiten des Kommunismus darin oft »verschiedene Anspielungen suchten«. Jedenfalls saßen, wie 2007 enthüllt wurde, Agenten des Staatssicherheitsdienstes StB im Publikum. Besonders das 1982 aufgeführte Drama »Lijavec«, das die Methoden des weiland k. u. k. Polizeistaats karikierte, war den Stasi-Schnüfflern verdächtig – wegen unverkennbarer Parallelen zum kommunistischen Repressionsapparat. Zwei Ensemblemitglieder wurden zur Stasi-Mitarbeit gepresst, auch Svěrák und Smoljak standen unter Druck und unterschrieben, wie sie heute selbstkritisch anmerken, ein denunziatorisches Pamphlet gegen die Bürgerrechtskämpfer der »Charta 77«.

Ihrer Popularität tat das keinen Abbruch, vor allem der Schauspieler und Stückeschreiber Zdeněk Svěrák ist einer der beliebtesten Tschechen überhaupt. Mit seinem Sohn Jan, einem Regisseur, brachte er 2007 einen Film über ein Rentnerleben (»Pfandflaschen«) heraus, der alle Besucherrekorde brach. 1996 gewannen die beiden mit »Kolja« sogar den Oscar. Und als 2005 in einer Fernsehshow beim Publikum der »größte Tscheche aller Zeiten« ermittelt wurde, kam Svěrák senior auf Platz 25.

Den ersten Rang erlangte – Jára Cimrman. Während sich in einem ähnlichen TV-Historienspiel die Deutschen für Konrad Adenauer und die Briten für Winston Churchill entschieden, setzten die Tschechen auf das geheimnisvolle Genie, das ihnen offenkundig aus der Seele spricht. Cimrman, der Missachtete, der vor Thomas Alva Edison die Glühbirne erfand, aber zu spät zum Patentamt kam, »verkörpert den Wunsch einer kleinen Nation, größer und berühmter zu sein und besser respektiert zu werden«, wie Ladislav Smoljak es einmal sagte.

Die Tschechen, lange dominiert von mächtigeren Nachbarn wie den Österreichern, den Deutschen und den Russen, leiden so wie Angehörige anderer kleiner Nationen still an der Missachtung. Immer ist das Bühnenlicht auf andere gerichtet, selten einmal kommt auch die besondere Eigenart eines kleinen Landes groß zur Geltung. Aber Smoljak und Svěrák stimmten darüber kein Klagelied an, sondern überzogen die gelinde Kränkung zum eigenen Trost und zur Gaudi aller anderen mit einem kräftigen Zuckerguss an Ironie. Und gerade das spricht dem Publikum offenkundig aus der Seele. Humor ist eben eine historische Ingredienz, die die Tschechen in schwieriger Lage schon des Öfteren gerettet hat. Der brave Soldat Švejk lässt grüßen.

Aber fragt man einen Tschechen, was an seinem Land das wahrhaft Tschechische sei, so wird er kaum den Namen Švejk nennen. Der Prager Hundehändler aus dem Ersten Weltkrieg, der so unübertrefflich schlitzohrig alles Kaiserlich-Königlich-Österreichische verulkt und veralbert hat, ist heute für seine nachgeborenen Landsleute ein Kommerz gewordenes Klischee, an dem sich eher die Nachbarn in Österreich und Deutschland delektieren. Die haben seinerzeit ja auch dem Autor Jaroslav Hašek mit ihrer Übersetzung zum Weltruhm verholfen. Aber wahrhaft tschechisch? Da käme doch viel eher das nur im Land bekannte und verehrte Original- und Universalgenie Jára Cimrman in Frage.

Von den TV-Gewaltigen wurde übrigens beim Bildschirmspiel das Votum für den Geheimnisvollen nicht anerkannt, man bestand auf historischen Tatsachen. Also siegte Kaiser Karl IV. vor dem Republik-Gründer Tomáš G. Masaryk und dem Revolutionsdramatiker Václav Havel. Jára Cimrman aber wirkt machtvoll weiter im Theater und in der Fantasie – als autodidaktisches Universalgenie, das komponierte, philosophierte, den Joghurt und den

Bikini erfand, in Galizien das Schulwesen und in den Hochalpen die moderne Hebammenkunst einführte. Der US-Regierung schlug der Tausendsassa den Bau des Panamakanals vor und lieferte gleich das Libretto für eine passende Oper mit. Von Sigmund Freud erfuhr er schon als Kind entscheidende Impulse, und Albert Einstein wäre ohne ihn wohl schwerlich auf seine Relativitätstheorie gekommen. Nur hat das leider die Welt noch nicht bemerkt.

Was aber überhaupt nichts macht. Aus der Absonderlichkeit ist ein exklusives Vergnügen geworden, das man zumindest im Jára-Cimrman-Theater schon wegen der sprachlichen Equilibristik und der Anspielungen auf nationale Gemütszustände wohl nur als Tscheche wahrhaft genießen kann. Aber damit hat es sein Bewenden noch nicht. In etlichen Orten haben die Tschechen etliche Straßen nach ihm benannt, und an Sonn- und Werktagen strömen sie in sein Museum im kleinen Prager Eiffelturm, der dem Original einst bewusst nachempfunden wurde. Wer hat wohl übrigens dem echten Gustave Eiffel den entscheidenden Tipp für die bekannte Spreizung der Beine seines Pariser Turms gegeben? Natürlich Cimrman.

In seinem Theater ist 2007 aus Anlass des Jubiläums übrigens ein neues Stück uraufgeführt worden, das fünfzehnte. Es hieß »Der tschechische Himmel«. Im Juni 2010 war die moderne Sagengestalt im Land erneut ein großes Thema, das tagelang die ersten Seiten der Gazetten füllte. Einer der beiden Cimrman-Schöpfer, Ladislav Smoljak, war im Alter von achtundsiebzig Jahren gestorben. Die Zeitungen widmeten ihm umfangreiche Nachrufe, eine Schlagzeile in *Mladá Fronta Dnes* erklärte ihn gar zum Unsterblichen. Der langjährige Freund und

Compagnon Zdeněk Svěrák rief ihm nach, der Verstorbene sei jetzt ja wohl im »tschechischen Himmel« angekommen. Und trug ihm auf: »Grüß Cimrman, wenn er dort ist.«

Wie sich's gehört

*Ein früherer Dozent und Präsidentenberater lehrt
Etikette nach tschechischer Art*

Es war unvermeidlich, dass die Wächter der guten Sitten sich eines Tages auch des Mobiltelefons annehmen würden. Das elektronische Kommunikationsgerät ist schließlich so tief in den Alltag eingedrungen, dass man ihm kaum mehr entkommt, weder auf der Straße noch im Zug noch beim Spaziergang im Wald. Nie ist es eine angenehme Begegnung. Unwillentlich wird man zum Zeugen freundschaftlicher Plaudereien oder ehelicher Dramen, vor allem aber eines exzessiven Austauschs von Banalitäten. Wer dies des Öfteren erlebt hat, zum Beispiel in der Prager Straßenbahn, wird deshalb dem Autor Ladislav Špaček aus vollem Herzen zustimmen, wenn dieser als goldene Regel für den Umgang mit dem Handy die Losung ausgibt: »Vor allem nicht stören!«

Ladislav Špaček verkörpert einen Typus, der in Tschechien und anderen Ländern Mittel- und Osteuropas für Jahrzehnte nicht gefragt war und erst jetzt wieder Geltung erlangt. Der sechzigjährige Schöngeist, der früher Dozent für tschechische Sprachgeschichte an der Karlsuniversität und später Nachrichtenmoderator im Fernsehen war, ist in seiner Heimat bekannt als Experte für gutes Benehmen und gesellschaftlichen Anstand. Mit seinen gedeckten Anzügen und dem gepflegten Silberhaar figuriert er in seinen Fernsehsendungen und Büchern als jene Art gepflegter Herr, den man anderswo Signore oder Gentleman nennt. Er lehrt nun nicht mehr Tschechisch, sondern Etikette.

Im Kommunismus war dies eine verfemte Disziplin. Wie hätten proletarische Bürokraten und Blockwarte der Stasi auch Gefallen finden sollen an Umgangsformen, die doch den ritterlichen Gepflogenheiten des Mittelalters entstammen und am Hofe König Ludwig XIV. in Versailles ihre feste Form erhielten? Auf Zetteln, französisch étiquettes genannt, notierte man die zeremonielle Rangfolge der Höflinge, und in der Tat ist solches für eine moderne Gesellschaft ja nicht unbedingt vorbildhaft. Weshalb die demokratisch gesinnten Amerikaner bestimmte Regeln europäischer Etikette auch stets verächtlich ablehnten. Man erlebt es deshalb dort, wie Ladislav Špaček bemerkt, dass eine Dame am Flughafen sich mit ihrem sperrigen Koffer plagt, dieweil der männliche Nachbar ungerührt weiter seine Zeitung liest. Ein europäischer Kavalier würde natürlich sofort zu Hilfe eilen, ohne Rücksicht auf alle Gleichstellungsbeauftragten der Welt.

Der Fall belegt, dass man Etikette heute auch als Ausdruck höflicher Anteilnahme oder – im Fall des Handys – des demokratischen Respekts vor dem anderen verstehen kann, als Regelwerk gegen kulturelle Verwahrlosung und grassierende Rücksichtslosigkeit. Aus der Sicht der vormals kommunistischen Länder kommt laut Ladislav Špaček noch hinzu, dass diese Nationen nach Jahrzehnten der Isolation nun in den Kreis der europäisch-atlantischen Zivilisation zurückgekehrt sind. Und den »verheerenden Einfluss« des Kommunismus auf die Umgangsformen empfinden Geschäftsleute, Politiker oder Diplomaten dieser Länder durchaus als Manko, das den internationalen Austausch erschwert.

Tatsächlich erlebt man in Mittel- und Osteuropa alltägliche Situationen, in denen noch immer ein rauer Ton dominiert. Erst recht ist die politische Auseinandersetzung durch maßlose Feindseligkeiten und Grobheiten bestimmt. Andererseits finden sich in jeder Prager Straßenbahn mehr junge Leute, die einem Älteren ihren Platz anbieten, als dies in München oder Hamburg der Fall wäre. Und einer der beliebtesten Politiker Tschechiens ist immerhin der Remigrant Karel Schwarzenberg, ein altböhmischer Fürst, der die klassische Etikette ohne alle Scheu zelebriert – bis hin zum Handkuss, der in Tschechien anders als in Polen eigentlich außer Mode ist.

Fundamentale Reste alter Sitten sind also noch vorhanden, so wie die Tschechen aus der jahrhundertelangen Zugehörigkeit zur Habsburger-Monarchie auch die austro-ungarische Hochachtung vor Titeln bewahrt haben: jawohl, Herr Ingenieur, Frau Magister, Herr Redakteur. Anderes verkam. So fiel dem Herrn Praeceptor Špaček auf, dass viele Tschechen beim Essen ihr Besteck in die Luft halten statt zum Teller hin. Überhaupt hat in den Restaurants und in der Kochkunst, wie jeder Kenner bestätigen wird, der Kommunismus die schlimmsten Verwüstungen angerichtet. »Die waren auf solch einem Niveau, dass es völlig gleichgültig war, ob die Leute sich mit den Ellenbogen auf dem Tisch abgestützt haben oder nicht, ob sie die Gabel oder das Glas so oder anders gehalten haben«, sagte Špaček dem Tschechischen Rundfunk. »Die Leute haben das einfach verlernt.«

Der Dozent gibt Nachhilfe. In einer Fernsehreihe und mehreren Büchern hat er ausgiebig dargelegt, wie die Dame und der Herr von Welt sich kleiden, sich begrüßen, sich unterhalten und sich verabschieden. Wer sitzt im Auto vorne oder hinten, wer hält wem den Schirm, wer bietet wem das Du an – alles Fragen, die im Geschäftsleben, in der Politik oder in der Liebe unversehens große Bedeutung erlangen können. »Wir sind einander nicht alle gleich«, notiert der Autor. Laut Etikette nämlich rangiert die Frau vor dem Mann, der Ältere vor dem Jüngeren, der gesellschaftlich Höhergestellte vor dem Niederrangigen. Und in allen Lebenslagen sind Taktgefühl und menschliche Anteilnahme geboten.

Der Sittenlehrer braucht für solche Ratschläge nicht auf Habsburger Handreichungen oder gar den deutschen Freiherrn Adolph Knigge zurückzugreifen, sondern folgt eigener nationaler Tradition. Bald nach der Gründung der Tschechoslowakei 1918 überführte der Schriftsteller, Übersetzer und Olympia-Funktionär Jiří Stanislav Guth-Jarkovský als Zeremonienmeister des Präsidenten Tomáš G. Masaryk das alte kaiserliche Protokoll in ein neues republikanisches. Bis heute wird er von kultivierten Tschechen verehrt, und selbstverständlich ist er auch Ladislav Špaček ein Vorbild.

Zum Zweiten schöpft der Herr der Regeln aus eigenen Erfahrungen, die er in dreizehn Jahren als Pressechef des Staatspräsidenten Václav Havel bei festlichen Ereignissen in mehr als fünfzig Ländern sammelte. Havel kam zwar am Anfang manchmal noch im Pullover in die Prager Burg und verschwand gelegentlich in der Kneipe, später wurde er zum perfekten Gentleman.

Sein Helfer Špaček hat damals übrigens auch miterlebt, dass Etikette nicht über alles geht. Beim Festbankett im Thronsaal der Burg erlaubte sich der

Brite Prince Charles, bei seiner Ansprache vor den Herren im Smoking und den Damen im Abendkleid die rechte Hand in die Hosentasche zu schieben – eigentlich ein schwerer Fauxpas, an diesem Abend aber von Špaček als Geste der Lockerung und des Wohlbehagens empfunden.

Ein Anlass übrigens, bei dem man das Handy unbedingt ausgeschaltet haben sollte.

Knödel an Kraut

Junge Köche verleihen der guten alten böhmischen Küche neuen Glanz

Kann es sein, dass dies ein Knödel ist, so luftig, locker und verlockend frisch? Fast schwebt der helle Bissen auf der Gabel, auch auf der Zunge erzeugt das Gebilde den Eindruck einer wunderbar erträglichen Leichtigkeit des Seins. Gerade von der böhmischen Küche ist man diese Anmutung nicht gewohnt. Sie war immer schwer und fett. Knödel, gereicht zu Ente und Kraut, das sind in tschechischen Lokalen meist feiste, kompakte Kugeln oder trockene, störrische Teigscheiben, die sich manchmal nur noch mit dem Messer portionieren lassen.

Aber hier, in der »Degustation Bohême Bourgeoise«, ist alles anders. Hier zerfließt das Rotkraut mit Kümmel zu einer dunklen, herrlich duftenden Essenz. Die Brust von der Ente aus Vodňany wird in zwei Streifen von der Dicke eines Würfels dargereicht – ein Fleischstück wie ein postmoderner Flachbau, aber weich und entenecht. Und der *knedlík* ist gar kein *knedlík*, wie der Blick auf die Speisekarte zeigt, sondern ein *krupicový nok*, ein Grießnockerl, von ungeahnter Zartheit des Geschmacks. Nie so gut tschechisch gegessen. Und nie so wenig davon auf dem Teller gesehen.

Die Degustation Bohême Bourgeoise in der Haštalská-Gasse der Prager Altstadt ist nicht irgendein tschechisches Lokal, sondern vermutlich das beste schlechthin, wenn es um böhmische Küche geht.

Man präsentiert sie hier in ihrer reinsten Form, als Idee gewissermaßen. Als eine Kollektion von Aromen, die das ungeheure Potenzial dieser traditionsreichen Art zu kochen ahnen lassen. Der Prager Schinken mit Apfel- und Meerrettichschaum, die Rebhuhnsuppe mit Wachtelei, die Rindsschulter mit Dillsauce, die frisch geräucherte Ochsenzunge mit gelbem Erbspüree oder die Olmützer Quargeln (ein Sauermilchkäse) – alles ist in kleinen Portionen verdichtet aufs Wesentliche, den intensiven Geschmack.

Es geht um Kostproben, wie der Name des Lokals besagt – in sieben Gängen mit sieben Amuse-Bouches und sieben Sorten feinsten einheimischen Weines, zumeist aus Mähren. Eine Offenbarung, die auch den bekannten Prager Food-Kritiker Pavel Maurer überzeugt und bewogen hat, in seinem Restaurantführer die Degustation Bohême Bourgeoise in der Gesamtwertung auf Platz eins zu setzen und den jungen Küchenchef Oldřich Sahajdák zum tschechischen Koch des Jahres auszurufen.

Sahajdák verkörpert mit anderen ambitionierten Kollegen das, was der Fernsehkoch Zdeněk Pohlreich aus dem Prager Café Imperial unumwunden die »nouvelle cuisine tchèque« nennt. Diese neue Garde propagiert die Entfettung der traditionellen Gerichte, die Rückkehr zu biologisch erstklassigen Lebensmitteln, den Einsatz moderner Kochtechniken und vor allem die strikte Beachtung des Grundsatzes »Qualität vor Quantität«. »Nicht diese ovalen Teller mit einer Unmenge Knödel oder gebackenem Käse«, wie Pohlreich lästert.

Derlei kulinarische Unsitten hatten sich in den vierzig Jahren des Kommunismus verbreitet, die für die Kochkunst eine Ära qualitativer Verelendung waren. Dem Volk wurde Einheitsfraß verordnet. Legendär ist der Ausspruch des Direktors der Nationalbetriebe Restaurants und Kantinen aus den siebziger Jahren: »Genossen, das geht wirklich nicht, dass jeder das Gulasch kocht, wie er will.« Landesweit gab man den Gaststätten einheitliche Rezepte vor, das erleichterte die Planung, und landesweit goss man über die Beilagen die berüchtigte *univerzální hnědá omáčka* (universelle braune Sauce), im Volksmund UHO genannt. Manche Prager Touristenlokale gaben mit vermanschtem Sauerkraut, abgesoffenen Salaten und ausgedörrten Enten noch lange nach der Wende eine Vorstellung von dieser Zeit.

Die neue Generation der Köche aber besann sich auf die Zeit vor dem Kommunismus, auf die Erste Tschechoslowakische Republik (1918–1938) und die vorangegangene Epoche, als Böhmen zur Habsburger-Monarchie gehörte. Schon 1826 hatte die Advokatengattin Magdalena Dobromila Rettigová mit ihrem Buch »Die Hausköchin« das damalige Knowhow zum klassischen Kanon gefügt. Und 1880 setzte Marie B. Svobodová mit ihrer »Kochschule« neue Maßstäbe, die in der ganzen Donaumonarchie zum Leitbild wurden. Böhmische Köchinnen gelangten an den Wiener Adelshöfen zu künstlerischem Ruhm. So kommt es zu einer kuriosen Situation, die der tschechische Fernsehkoch Filip Sajler so beschreibt: »Wenn Sie gute tschechische Küche finden möchten, dann sollten Sie eigentlich nach Wien fahren.«

Sajler orientiert sich durchaus an der Arbeit der Wiener Kollegen und der Tradition der Ersten Republik, so wie Oldřich Sahajdák in der Degustation Bohême Bourgeoise sich ausdrücklich auf die Überlieferungen von Marie Svobodová beruft. Den besonderen Reiz seines Hauses macht es zudem aus, dass der Starkoch anfangs von dem spanischen Kollegen David Diaz Delgado unterstützt wurde, der zuvor in der Molekularküche des Katalanen Ferran Adrià im »El Bulli« gearbeitet hatte. Eine Erinnerung daran ist unter anderem der Gurkensalat, der als erstes Amuse-Bouche gereicht wird – als reine Essenz, im Röhrchen.

Wer die Degustation nach einem dreistündigen böhmischen Bacchanal verlassen will, der hat für die genossenen Sinnesfreuden inklusive Trinkgeld rund viertausendfünfhundert Kronen (hundertachtzig Euro) pro Person zu entrichten. Weit billiger, dafür natürlich entsprechend einfacher kann man die neue tschechische Küche gleich nebenan im neuen Gasthaus »Lokal« genießen. Man sitzt in einem bahnhofshallenlangen Saal, an dessen Wänden alte Wirtshauskrakeleien kunstvoll aufgetragen sind. Ein cooles Zitat, das ebenso wie die gläserne Biertheke mit den Stahlfässern zur gewollten Entgemütlichung des Raumes beiträgt. Hier herrscht die Gegenwart, so heißt die Botschaft, und auch die klassischen Gerichte sind in die Jetztzeit transferiert. Die Hühnerbrühe mit Reibeteig ist kraftvoll-schlicht, das Karpfenfilet gut kross gebraten, die Salzkartoffeln haben den perfekten Weichheitsgrad erreicht, und die gewürfelte Rote Bete genießt man al dente. Wunderbar duftiglocker dann die Dukatenbuchteln mit Vanillesauce. Auch hier arbeitet Chefkoch Marek Janouch durch Konzentration und Reduktion das Wesentliche heraus, den vollen Geschmack. Die Rechnung kommt auf dreihundertneunundachtzig Kronen ohne Trinkgeld, zwei Halbe Pilsner inklusive, das sind fünfzehn Euro fünfzig. Der Raum ist voller junger Leute.

Qualität zu guten Preisen – das ist in Prag die gleiche Herausforderung wie anderswo. In den meisten Touristenlokalen bekommt man sie nicht, wenn man die einheimischen Klassiker bestellt. Aber es gibt doch eine Reihe solider Restaurants der Mittelklasse, die von Tschechen ebenso wie von Fremden stark frequentiert werden. Zu ihnen zählen die Großlokale »Olympia« und »Kolkovna«, die Teil einer Kette sind, sowie die Traditionskneipe »Baráčnická Rychta« auf der Kleinseite, wo man vor holzgetäfelten Wänden im trauten Lampenschein an großen Tischen sitzt. Ein vaterländischer Folkloreverein hat hier seinen Sitz, das Gasthaus ist wohl seit einem halben Jahrhundert nicht verändert worden.

Für den, der einmal jenseits der touristischen Trampelpfade nur unter Tschechen hocken mag, lohnt sich die kurze Straßenbahnfahrt zum Stadtteil Holešovice ins Wirtshaus »U Svateho Antoníčka« (Zum heiligen Antonius). Der hohe Raum ist augenscheinlich seit Generationen vom Qualm der Raucher gebräunt, Bierkrüge stehen auf einem Bord über der Tür. Die dunkle Wandverkleidung, leicht zerstoßen, kontrastiert mit dem kiefernhellen Mobiliar, das auch schon manches Jahr hat gehen sehen. Ein großer Schirm an der Stirnwand zeigt tonlos Sportübertragungen. Suppe ist hier nicht vorgesehen, auch Nachspeisen gibt es nicht. Aber die berühmte *svíčková*, der Lendenbraten, schmeckt gut mit ihrer wirklich sahnigen Sauce, comme il faut. Nur neunundsechzig Kronen (2,76 Euro) kostet das Gericht, zwei Halbe Pils dazu sind kaum billiger.

Doch wird auch dieses Preis- und Qualitätsniveau im Land natürlich unterboten. Man muss deshalb sehr sorgfältig wählen, wenn man in Tschechien die berühmte böhmische Küche genießen will. Der Gastro-Kritiker Pavel Maurer jedenfalls hat einmal die *svíčková* als repräsentativstes Gericht des

Landes in vierzig unterschiedlichsten Gasthäusern getestet, vom Imbissstand bis zum Luxusrestaurant. Er fand die unterschiedlichsten Qualitäten vor. In einem Prager Lokal war die *svíčková* so schlecht, dass er sofort einen Schnaps bestellen musste, um wieder zu Kräften zu kommen.

Abenteuer eines Märchenprinzen

Was Václav Havel über seine Zeit als tschechischer Staatspräsident erzählt

In der Rückschau hat er gelegentlich den Eindruck, als hätte sich die Wirklichkeit ein Beispiel am absurden Theater genommen, dem er als Dramatiker so sehr verpflichtet ist. »Nicht nur die Amerikaner oder andere Ausländer halten mich für eine Art Märchenprinz oder mindestens für die Hauptgestalt einer märchenhaften Geschichte, sondern auch mir kommt von Zeit zu Zeit mein Schicksal absolut unwahrscheinlich vor«, schreibt Václav Havel. Hunderte absurde Situationen hat er nach eigenen Worten in seiner Rolle als Wortführer der »Samtenen Revolution« von 1989 und danach in dreizehn Amtsjahren als Staatspräsident auf der Prager Burg erlebt. Und über etliche davon erzählt der bekannteste Tscheche der Gegenwart in seinem Buch mit dem Titel »Fassen Sie sich bitte kurz«, das in mehreren Sprachen erschienen ist. Es ist ein seltener, sehr anschaulicher Blick hinter die Kulissen der Macht.

In der persönlichen Begegnung wirkt der Vierundsiebzigjährige oft ebenso zurückhaltend wie entgegenkommend. In der Tasche hat er meist einen roten und einen grünen Filzstift für den Fall, dass jemand sich eine Signatur in einem seiner Bücher oder einfach ein Autogramm wünscht.

Dann schreibt er mit schwingenden Bögen in Grün den Namen und malt in Rot ein Herzchen dazu. Nicht eben der Gestus eines Machtmenschen. Und was man im großen Kreis seiner Freunde oder in den Kneipen rund um die Prager Burg über den Künstler erfährt, lässt ihn als einen geselligen und sensiblen, in seiner Haltung freilich sehr entschiedenen Bohemien der alten Schule erscheinen. In seinem Buch erfährt man darüber hinaus, wie verletzlich er in manchen Punkten ist und welche atmosphärischen Schwingungen die tschechische Politik der letzten zwei Jahrzehnte mitbestimmt haben.

Als versierter Theaterautor legt Václav Havel natürlich nicht irgendeine gängige Art von Memoiren vor. Er gibt der Rückschau die Form einer effektvoll montierten Collage, die auf drei Ebenen sein öffentliches und sein privates Leben auf der Weltbühne der Politik kritisch reflektiert. Interviewfragen des Journalisten Karel Hvížďala und aktuelle Mitarbeiterinstruktionen aus seiner Amtszeit, die er im Computer gespeichert fand, dienen ihm dabei als Leitfaden durch die Zeitgeschichte. Das Ganze ist zudem versetzt mit Betrachtungen aus dem Jahr 2005, die Havel beim Schreiben dieses Buches in Washington in einem Kämmerchen der amerikanischen Kongressbibliothek und danach in seinem legendären Bauernhaus auf dem Land in Hrádeček bei Liberec (Reichenberg) anstellte.

Absurd erschien ihm vor allem, »dass ich – und gerade ich – mich im Zentrum so wichtiger Ereignisse befand, die das Schicksal vieler Völker und Millionen von Menschen geprägt haben«. War er doch als Prager Bürgersohn, der nicht studieren durfte und beim Militär dem Sonderdrill eines Pionierbataillons ausgesetzt war, 1958 von Budweis mit einem Fahrrad ohne Reifen zur Alarmübung gegen die NATO ausgerückt – und vierundvierzig Jahre später eröffnete gerade er in Prag einen NATO-Gipfel, den ersten, der in einem der neuen NATO-Länder aus dem früheren kommunistischen Block stattfand.

Nicht weniger absurd erschien dem einstigen Dissidenten seine erste Reise in den Kreml im Frühjahr 1990, wo die Prager Bohemiens, gerade erst zu Staatsmännern avanciert, sich plötzlich von sowjetischer Geheimpolizei umgeben sahen. Sie sollten mit Michail Gorbatschow eine Verlängerung des sowjetisch-tschechoslowakischen Vasallen-Vertrages unterschreiben, zogen aber eine eilig im Flugzeug produzierte andere Erklärung hervor – und Gorbatschow willigte ein. Havel war es dann auch, der im Sommer 1991 beim letzten Gipfeltreffen die Auflösung des Warschauer Paktes, der sowjetisch dominierten Militärorganisation, verkünden konnte – für ihn »einer der ganz besonderen Momente meines Lebens«.

Neben der Weltgeschichte gewinnt auch die tschechische Innenpolitik in Havels persönlicher Retrospektive manche neue Facette. Der Autor stellt sich, pflichtbewusst bis zur Pedanterie, auch den unangenehmen und heiklen Fragen. Auch an seinem Dauerkonflikt mit Václav Klaus, dem Anführer der tschechischen Euro-Skeptiker, geht er nicht vorbei. Klaus, ein Wirtschaftsprofessor, war 1989 nach dem Kollaps des kommunistischen Regimes zum Demokratischen Bürgerforum gestoßen, wo Havel und seine Freunde das Sagen hatten. »Wir gewöhnten uns an Klaus' zeitweilige Widerwärtigkeit, an seine Veranlagung, ein Art negative Energie auszustrahlen, an seine Art der Ironie, seinen Narzissmus, an seinen – damals noch ziemlich verborgenen – Widerwillen gegen uns Übrige, die er offenbar alle in einen Abfallcontainer mit der Aufschrift ›Linksintellektuelle‹ steckte.«

Václav Klaus wurde rasch der Finanz- und Wirtschaftsexperte der Wendebewegung und gründete aus ihr heraus 1991 die konservativ-liberale Demokratische Bürgerpartei (ODS). Als deren Vorsitzender war er zunächst Premierminister, dann Parlamentspräsident; seit 2003 ist er Havels Nachfolger als tschechischer Staatspräsident. »Er war sehr arbeitsam, mal sehr liebenswürdig, mal absolut unerträglich«, schreibt Havel über diesen Mann, der neben ihm die zweite Zentralfigur der tschechischen Politik seit 1989 ist. Die beiden standen kulturell und politisch stets auf verschiedenen Positionen, wiewohl Václav Havel von der ODS zum Präsidenten gewählt wurde und auch manches Konservative an sich hat. In jüngerer Zeit unterstützte er nachhaltig die tschechischen Grünen, die eher dem liberalen als dem linken Spektrum zuzurechnen sind und zuletzt bei der Parlamentswahl 2010 an der Fünf-Prozent-Hürde scheiterten.

Als Václav Klaus in den neunziger Jahren die Regierung führte und nach Manier des britischen Premiers jeden Mittwoch für eine Stunde auf die Burg kam, um mit dem Präsidenten Havel die Aktualitäten zu besprechen, da wurden dem bald diese Stunden am Mittwoch wegen der persönlichen Nadelstiche seines Gegenspielers zum Albtraum. »Sie hatten nämlich immer denselben Verlauf: fünfzehn, zwanzig bis fünfundzwanzig Minuten ein sehr freundschaftliches Gespräch über alles Mögliche, und dann jener wichtige Augenblick, in dem der Schlag kommt, dessentwegen das Ganze überhaupt stattfand, nämlich irgendein Vorwurf über mein Verhalten in der letzten Zeit. Es war immer Unsinn, aber es ging auch gar nicht darum, dass es Sinn hatte; es ging darum, mich in die Defensive zu bekommen.« Auch andere »Hinterhältigkeiten« der ODS sowie der später regierenden Sozialdemokraten und ihres exzentrischen Führers Miloš Zeman bereiteten Havel Verdruss, wie er schreibt.

Ebenso verdarben ihm ästhetische Alleingänge und Verirrungen der Prager Burg-Verwaltung sowie die Missgunst gewisser »Säuerlinge« des Journalismus mehr als einmal die Laune im hohen Amt, dessen Ausübung im Ganzen ein Vergnügen sowieso nicht war. Der alte Kneipengänger Havel empfand es auch als einschränkend, dass er – wie bittere Erfahrung ihn lehrte – nicht mehr beliebig Scherze machen konnte und kaum noch Zeit für die alten Freunde fand, von denen mancher ihm darob böse war. Und bis in heutige Äußerungen hinein ist ihm die Verbitterung darüber anzumerken, wie gewisse Medien mit seiner zweiten Frau Dagmar Veškrnová, einer bekannten Schauspielerin, umgegangen sind.

Nicht nur nahm man ihm übel, dass er sie überhaupt geheiratet hatte, noch ehe das Trauerjahr für Olga, die verstorbene Gefährtin seiner früheren Jahre, verflossen war. Dagmar Veškrnová wurde auch wegen ihres dominanten Auftretens kritisiert. In seinem Buch schreibt Havel nun, sie habe ihm mehrmals in kritischen Krankheitstagen durch beherztes Einschreiten das Leben gerettet. Ein Lungentumor und ein Darmdurchbruch zählten zu den Plagen, die er zu überstehen hatte, und jedenfalls das Lungenleiden führt der langjährige starke Raucher auch auf miserable Behandlung während seiner fünf Gefängnisjahre zurück.

Doch heute ist sein »mehrfaches Sterben« für Václav Havel Vergangenheit. Und im Ganzen hat er den absurden Abenteuern seines Lebens durchaus etwas abgewonnen. So schließt er mit derselben Bemerkung, mit der er schon 1985 ein »Fernverhör« mit demselben Journalisten Karel Hvížďala beendet hatte: »Ich verdächtige mich, dass mir irgendwo ganz tief innen dieses ganze paradoxe Leben eigentlich schrecklich viel Spaß macht.«

Mit Kusshand regieren

Der staunenswerte Aufstieg des altböhmischen Fürsten Karel Schwarzenberg in der Prager Politik

Der Untergang des Kommunismus hat in Prag den Handkuss wieder freigesetzt, und bis zum Palais Czernin ist er mittlerweile wieder vorgedrungen. Jedenfalls hat dort vor einiger Zeit, als im Großen Saal verdiente Freunde der Tschechischen Republik zu ehren waren, der Hausherr das erwartungsvolle Publikum damit verblüfft, dass er nach seinem Einzug zu den Klängen eines jugendlichen Bläserquintetts erst einmal einer Dame in der ersten Reihe lächelnd seine Huldigung auf den Handrücken hauchte. Er trug zum dunklen Anzug eine Fliege, seine Ansprache hielt er ohne Manuskript, die Hände auf dem Rücken verschränkt.

Nichts Steifes und nichts Abgerücktes war an Karel Schwarzenberg, wiewohl der immerhin der tschechische Außenminister ist, obendrein ein altböhmischer Fürst. Dass er den Herrschaften, die für Verdienste um Tschechien in aller Welt die Auszeichnung »Gratias agit« erhielten, mit der Urkunde meist entgegeneilte, gab seiner charmanten Umgänglichkeit einen nachdrücklichen Drall. »Dank Ihnen allen für all Ihre Arbeit und Ihre Anstrengungen«, sagte er. Mit allen wechselte er ein paar Worte, den Damen küsste er, logo, die Hand.

Man mag das nebensächlich finden, aber wenn der neue Spielraum der tschechischen Außenpolitik und die Stellung des Landes im veränderten Europa auszuloten sind, dann ist der Schwarzenberg'sche Stil durchaus ein Faktor von eigenem Wert. Und sei es nur als Kontrast zu gewissen Rauheiten, die sich andere Akteure erlauben. Jedenfalls macht sich in Prag ein wachsendes Selbstbewusstsein bemerkbar, dem das manieristische Palais Czernin droben auf dem Berg mit seinen kolossalen Säulen und Fluren reichlich Platz bietet.

Die Staatsgründer wollten es so nach dem Ersten Weltkrieg, als sie den größten Palast nach dem Hradschin zum Außenministerium bestimmten. Weit reicht von hier der Blick über das benachbarte Loreto-Heiligtum auf die Burg, den Veitsdom und die Moldau, bis hin zu den Plattenbauten am Horizont. Der große Saal im Inneren hat außer Preisverleihungen und internationalen Konferenzen auch die Auflösung des Warschauer Paktes erlebt, am 1. Juli 1991. Ein Ereignis, an das man sich hier gerne erinnert.

Doch nun, da die Marksteine der epochalen Umkehr passiert sind und auch der Beitritt zu NATO und EU schon in die historische Dimension abzurücken beginnen, ist Tschechien wie andere Länder des östlichen Mitteleuropa in eine Phase der Selbstvergewisserung eingetreten. Sie lässt mancherlei Besonderheiten erkennen und ist allein mit dem Schlagwort vom Euroskeptizismus nicht zu fassen. »Da wird vieles missverstanden«, sagt Schwarzenberg. Euroskeptiker gebe es »quer durch Europa sehr stark«.

Auch in Tschechien natürlich, der stärkste sitzt gleich unterhalb des Palais Czernin in der Prager Burg und ist der Staatspräsident Václav Klaus. Er opponiert nicht nur gegen eine weitere EU-Integration, sondern wollte eigentlich auch den EU-näheren

Karel Schwarzenberg verhindern, als dieser 2007 von den Grünen zum Chefdiplomaten einer konservativ-grünen Dreierkoalition nominiert wurde. Streitigkeiten um die Linie hat man indes nicht erlebt, jedenfalls nicht öffentlich. Václav Klaus drückte dem Chefdiplomaten später ostentativ seinen Respekt für die professionelle Amtsführung aus.

Mit Andersdenkenden weiß Schwarzenberg flexibel umzugehen, er weiß, dass man in der Politik »ständig Kompromisse machen muss«, zumal in Koalitionsregierungen. Zum Beispiel mit einem Mann, der neben Schwarzenberg der profilierteste Außenpolitiker Tschechiens ist und der sowohl 2007 bis 2009 unter dem Premier Mirek Topolánek als auch jetzt, seit dem Sommer 2010, in einer neuen konservativen Dreierkoalition unter Petr Nečas mit in der Regierung sitzt. Es ist Alexandr Vondra, früher selber Außenminister und Vizepremier mit der Zuständigkeit für Europafragen, heute Verteidigungsminister. Vondra ist ein führender Mann der Demokratischen Bürgerpartei (ODS), zu der Schwarzenberg stets Abstand hielt.

Die beiden reden gut übereinander. Sie kennen sich lange, sie sind befreundet, Schwarzenberg ist Taufpate von Vondras Sohn. Fragt man nach, dann kommt der Außenminister im Gespräch, während er aus der Jackentasche zwanglos eine Pfeife nestelt und sie putzt, auf die Zeit vor 1989 zu sprechen, vor der Wendemarke seines Lebens. Der Adlige, als Zehnjähriger 1948 mit den Eltern aus der Tschechoslowakei geflohen, lebte bis 1989 vorwiegend in Österreich und war seit 1984 Präsident der Internationalen Helsinki-Föderation für Menschenrechte. Als solcher reiste er oft in die kommunistischen Länder, so zu einer Konferenz der polnischen Gewerkschaft »Solidarność« in Krakau, wo ihm ein junger Mann aus Prag »mit zerrissenen Jeans und im verschwitzten Leiberl« vorgestellt wurde. Alexandr Vondra war's, Aktivist der oppositionellen Untergrundbewegung »Charta 77«, Mitte zwanzig. Man unterhielt sich in einem Auto, Schwarzenberg war »ungeheuer beeindruckt« und dachte: »Mein Gott, der Bursch, der hat aber eine Übersicht.« Er sah ihn 1990 auf dem Hradschin wieder, im Stab des Wende-Präsidenten Václav Havel, bei dem Schwarzenberg Kanzleichef und Vondra außenpolitischer Berater wurde.

Wie Vondra und Havel war Schwarzenberg auf seine Weise ebenfalls ein Dissident, zumal er im Schwarzenberg'schen Stammschloss bei Scheinfeld in Franken ja ein Archiv der Untergrundliteratur beherbergte und Bücher in die Tschechoslowakei schmuggeln half. Dissidenten liebt man heute in Tschechien nicht unbedingt, so wenig wie Emigranten, bekennende gläubige Katholiken oder altböhmische Adlige. Gleich vierfach also könnte Schwarzenberg Antipathien mobilisieren – jedoch gehört er inzwischen zu den beliebtesten Politikern im Land, bei Umfragen rangiert er seit geraumer Zeit auf den ersten Plätzen.

Sind es seine eleganten Umgangsformen, sein herzhafter, schnoddrig-charmanter Ton, sein rastloser Aktivismus, seine starke Medienpräsenz? Zügig absolvierte er im Jahr 2007 Antrittsbesuche in aller Welt, aus Washington wurde danach ein Foto der selig lächelnden Amtskollegin Condoleezza Rice übermittelt, der Karl Johannes Nepomuk Fürst zu Schwarzenberg gerade über den angedeuteten Handkuss hinweg in die Augen schaute. Ähnlich war's in Wien und Tel Aviv, wo damals ebenfalls die Außenämter in Frauenhand waren. Der Berliner Kollege Frank-Walter Steinmeier erhielt ein Fässchen Dunkelbier der Marke Černá hora, was »Schwarzer Berg« bedeutet. So erleben sich die Tschechen in Gestalt des Fürsten Schwarzenberg als weltläufig.

Zum anderen kam wohl gut an, wie unzerknirscht der Minister im stetig weiter sich erhitzenden Konflikt mit Österreich um das Atomkraftwerk Temelín Tacheles redet. Als »magori« bezeichnete er jene österreichischen Atomkraftgegner, die regelmäßig die Grenzen blockieren. Der tschechische Begriff wurde mit Trottel, Spinner oder Narren übersetzt, der Urheber will ihn verstanden wissen als Ausdruck für Leute, die »stets denselben Unsinn wiederholen«. Er nahm kein Jota zurück, als vom Wiener Boulevard der Ruf erscholl, er möge seinen österreichischen Verdienstorden zurückgeben. Ausgerechnet Schwarzenberg, der doch seit Jahrzehnten in Österreich gelebt hat und schon vom Prager Präsidenten Klaus verdächtigt worden war, er werde deshalb gegenüber Österreich nicht nachhaltig genug die nationalen Interessen vertreten.

»Na, schauen Sie,« sagte er dazu im Gespräch, während er an der in Gang gebrachten Pfeife zieht, »mein Beruf ist jetzt, Außenminister der Tschechischen Republik zu sein, ich habe deren Interessen zu vertreten. Das ändert nichts daran, dass ich Österreich wahnsinnig gern hab.« Und auch nichts daran, dass er sich auf seinem Schloss Murau in der Steiermark genauso zu Hause fühlt wie auf dem 1991 restituierten Schloss Orlík in Südböhmen, »aber das ist meine private Sache«. Österreichischer Staatsbürger war er ja nie, sondern tschechoslowakischer und Schweizer, aber er kennt das benachbarte Alpenland gut genug, um zu wissen, dass dort »Tschechen schlechtmachen« mittlerweile »zum Volkssport geworden« sei.

Der Tanz um Temelin ist eine der härtesten Nüsse für die Diplomaten des Palais Czernin, während die früher dominante Deutschlandproblematik dank der Entkrampfungen des vergangenen Jahrzehnts jetzt viel weniger Arbeit macht. Auch hier setzt Schwarzenberg im Übrigen Akzente, indem er in Abkehr von amtlichen Gepflogenheiten nicht von der Aussiedlung oder dem Abschub der Sudetendeutschen spricht, sondern ungeschminkt von deren Vertreibung – und der Aufschrei bleibt aus. Indes ist diese Thematik in Prag weit im Hintergrund angesiedelt, spätestens die mittlerweile wieder aufgegebenen amerikanischen Pläne für ein Raketen-Radar im Brdy-Gebirge bei Pilsen und die Gipfeldramen um die Verfasstheit der Europäischen Union sowie den Lissabonner Vertrag haben die Perspektiven geweitet. Um es mit dem Prager Politologen Robert Schuster zu sagen: Hatte die tschechische Außenpolitik nach 1989 zunächst »nur den eigenen Tellerrand im Visier«, so sind inzwischen längst »neue Horizonte« ins Blickfeld gerückt.

Das Verhältnis zu den Nachbarn bleibt natürlich wichtig, die spezielle Zusammenarbeit mit Polen, Ungarn und der Slowakei in der »Visegrád-4«-Gruppe hilft auch in der EU. Als Verpflichtung aus der eigenen Historie empfinden die Tschechen parteiübergreifend den nachdrücklichen Einsatz für die Menschenrechte und für Verfolgte aller Länder, beispielsweise in Weißrussland oder Kuba. Im Falle Kubas führte dies EU-intern zu Konflikten mit den Spaniern, die auch den Kommerz im Auge haben. Minister Schwarzenberg, der als Senator 2005 aus Kuba wegen Dissidentenkontakten ausgewiesen wurde, ist mit ganzem Herzen dabei. Und es war nicht das erste und nicht das letzte Mal, dass Dissidenten aus aller Welt sich 2007 im großen Saal des Palais Czernin trafen, vom damaligen US-Präsidenten George Bush mit einer Ansprache beehrt. Auf edlen Läufern in edlen Fluren standen an jenem Tag Plakatwände mit Porträts politischer Gefangener, die Gobelins im Goldenen Salon gaben beim Pressetreffen dem russischen Oppositionellen und Schachweltmeister Garri Kasparow sowie einem syrischen Regimegegner die Ehre. Auch Havel war da, und Schwarzenberg begrüßte freihändig und mehrsprachig.

Tschechien hat sich eine aktive Außenpolitik vorgenommen, nach Phasen der Verschüchterung und Unpässlichkeit ist die Lust am Mitmischen geweckt. »Wir wollen in eine EU hineinwirken, wo jeder Beitrag erwünscht ist«, sagt Tomáš Kafka, der Leiter der Mitteleuropa-Abteilung im Außenministerium. In abendlicher Runde in einem Alt-Prager Lokal schält sich heraus, dass jener Rüffel des Franzosen Jacques Chirac an die Polen, sie sollten als Neulinge erst einmal die Klappe halten, auch andere verärgert hat, zum Beispiel die Tschechen. »Es ist jetzt nicht mehr so, dass die einen dankbar sein müssen und die anderen die Arbeit machen«, sagt Tomáš Kafka. Und Jiří Šitler, der Protokollchef des Außenministeriums, fügt an: »Unsere Ansichten sind nicht weniger europäisch als die der Franzosen.«

Es hat indessen alle tschechischen Diplomaten und ebenso ihren Anführer Schwarzenberg, einen überzeugten Anhänger der europäischen Integration, bitterlich enttäuscht, dass mitten in der tschechischen EU-Ratspräsidentschaft im März 2009 die Regierung des Premierministers Mirek Topolánek durch ein Misstrauensvotum des sozialdemokratischen Oppositionsführers Jiří Paroubek gestürzt wurde. Je zwei Abweichler aus der ODS und der Partei der Grünen verhalfen der Opposition zur Mehrheit. Der Eklat war riesengroß, ganz Europa stöhnte auf über die kleinlichen tschechischen Kabalen, die das Land beim Auftritt auf der großen Bühne ins Stolpern und zu Fall brachten.

Für Karel Schwarzenberg war es ein Abschied und ein Aufbruch zugleich. Er dankte mit dem Kabinett ab, er wandte den Grünen den Rücken zu und gründete im Juni 2009 zusammen mit dem früheren Christdemokraten Miroslav Kalousek eine neue konservativ-liberale Partei namens TOP 09 – die Abkürzung steht für Tradice, Odpovědnost, Prosperita (Tradition, Verantwortung, Wohlstand). Kalousek gilt als der eigentliche Strippenzieher der Operation und stellte auch die Parteiorganisation auf die Beine, unterstützt von anderen abgesprungenen Christdemokraten und einer Bewegung von Bürgermeistern. Der heutige Finanzminister hat langjährige Regierungserfahrung, ist aber nicht sonderlich beliebt, weil ihm noch aus den neunziger Jahren Korruptionsskandale aus dem Verteidigungsministerium anhängen, ohne dass ihm je eine Ungesetzlichkeit nachgewiesen wurde.

Jedenfalls passte es bestens, dass der überaus populäre Schwarzenberg, den viele Tschechen nur »den Fürsten« (*kníže*) nennen, für die neue Partei als Erster Vorsitzender und Galionsfigur in den Wahlkampf zog. Der Zweiundsiebzigjährige punktete gerade bei jungen Leuten besonders gut. Sie glauben ihm offenbar in großer Zahl, dass er den Kampf gegen die Korruption und für eine rigide Sanierung der maroden Staatsfinanzen ernst meint. Viele

Tschechen räsonieren auch, und als reiner Scherz ist das nicht gemeint, der Fürst sei mit seinen Schlössern und Liegenschaften im Wert von mehreren hundert Millionen Euro schon so vermögend, dass er es nicht nötig habe, sich noch bei Staatsgeschäften zu bereichern.

Tatsächlich wurde der Wahltag des 29. Mai 2010 für Schwarzenberg zum Triumph. Aus dem Stand kam TOP 09 auf 16,7 Prozent der Stimmen, die früher dominierende ODS wurde nach einer Serie von Skandalen von 35,4 auf 20,2 Prozent zurückgestutzt. Zusammen mit einer ebenfalls neuen Gruppe namens Věci Veřejné (Öffentliche Angelegenheiten) wurde eine neue bürgerliche Dreierkoalition möglich. Schwarzenberg hat darin als einer der drei Parteiführer eine Schlüsselposition inne, er wurde auch wieder Außenminister.

Wer sich mit ihm je über seine Familie und seine Biografie unterhalten hat, der weiß, dass ihm bei aller Last der hektischen Verpflichtungen das hohe Staatsamt gleich aus mehreren Gründen viel bedeutet. Natürlich persönlich – wer kommt in Tschechien schon an die Regierung, obwohl er Dissident, Emigrant, katholisch und von Adel ist? Nur einer bisher. Ist es ihm also eine Genugtuung, Außenminister zu sein? Eine Pause entsteht im Gespräch. »Sicher«, sagt Schwarzenberg, saugt an der Pfeife und schweigt.

Überdies ist der Adlige, wie er im Gespräch betont, dazu erzogen worden, »zu dienen«. Einer richtigen Sache zum Beispiel oder der eigenen Nation. »Schauen Sie«, sagt er und macht einen weiteren Zug aus der Pfeife, »ich liebe dieses Land und hoffe, dass ich beitrage, es durch die Fährnisse unserer Zeit zu bringen.«

Drittens hat er natürlich auch die Dynastie im Auge, die illustre Galerie all der Schwarzenbergs, die in früheren Generationen schon hohe öffentliche Ämter innehatten und denen er sich jetzt als ein würdiger Nachfolger erweist. Einer, Friedrich Fürst zu Schwarzenberg, war Erzbischof von Prag und Kardinal, er lebte von 1809 bis 1885. Dessen Bruder, Felix Fürst zu Schwarzenberg (1800–1852), war von 1848 bis 1852 der Ministerpräsident und Außenminister des österreichischen Kaisers Franz Joseph I. und half diesem, die Revolution von 1848 niederzuwerfen. Ein dritter, Karl Philipp Fürst zu Schwarzenberg (1771–1820), ein direkter Vorfahr des Außenministers, war Diplomat und Feldmarschall. Er führte 1813–1815 den Oberbefehl über die verbündeten Armeen, die den Franzosenkaiser Napoleon besiegten, unter anderem bei der Völkerschlacht von Leipzig. Von ihm erzählt Karel Schwarzenberg gern die schöne Geschichte, wie dieser als früherer Botschafter in Petersburg den Eroberer Napoleon 1812 beim Beginn des Russlandfeldzugs vor dem russischen Winter warnte – vergebens. Der Franzose zog nach Moskau und hatte das Nachsehen, später traf er den Warner in Warschau wieder und sagte: »Vous aviez raison« (Sie hatten recht). Schwarzenberg verwahrt im Familienarchiv die Karten der Schlacht bei Austerlitz 1805, die Napoleon seinerzeit seinem Vorfahren geschenkt hatte.

In jüngerer Zeit ist kein anderer Schwarzenberg in Europa zu größeren Ehren und Bekanntheitsgraden gelangt, das besorgt jetzt er, Karl Johannes Nepomuk Josef Norbert Friedrich Antonius Wratislaw Mena, der zwölfte Fürst zu Schwarzenberg, Graf zu Sulz, gefürsteter Landgraf im Kleggau und Herzog zu Krummau, der sich in Tschechien ganz einfach

Karel Schwarzenberg nennt. Er ist im dritten Jahr der Außenminister der Tschechischen Republik, aber das muss noch nicht das Ende sein. Im Februar 2013 endet die Amtszeit des Staatspräsidenten Václav Klaus, und als möglicher Kandidat des bürgerlichen Lagers für die Nachfolge ist nicht zufällig Schwarzenberg im Gespräch.

Er macht davon kein Aufhebens, das wäre schädlich, aber er verwahrt sich auch nicht. »Ich habe das Image, dass ich ein guter Staatschef wäre – warum soll ich das zerstören?«, sagt er mit dem ihm eigenen Humor. Und: »Ich bin nicht der Jüngste, aber furchtbar neugierig auf jede neue Aufgabe.« Man könnte auch sagen: Würde Schwarzenberg im Februar 2013 in gesundheitlich guter Verfassung zum nächsten Staatspräsidenten der Tschechischen Republik gewählt, er würde das Amt, auch wenn er dann schon fünfundsiebzig wäre, gewiss mit Kusshand annehmen. Einen leibhaftigen Staatspräsidenten nämlich gibt es in der Ahnenreihe noch nicht.

Wie die Bisamratten

Ein Wiedersehen an der Moldau nach fünfundsiebzig Jahren: die Prager deutschsprachige Literatur

Jaa, das berühmte Prager Deutsch! Seit dem Mittelalter blühte es auf einer Insel, umgeben vom Tschechischen, so blieb es von Verschleifungen benachbarter deutscher Mundarten verschont. Johannes Urzidil nannte es »unser oft genug gelästertes, zwar nicht akzent-, aber dialektfreies Prager Deutsch«. Andere erachteten das Idiom als Buch- und Papierdeutsch, dem die Lebendigkeit der Volkssprache fehle. Karl Kraus spottete von Wien aus über den Prager Typus, der »in schwelgerischen Adjektiven einbringt, was ihm die Natur an Hauptwörtern versagt hat«. Der Schlachtenlärm ist längst verklungen, das Prager Deutsch nur noch ein Schemen, es ging in den Schrecknissen des 20. Jahrhunderts unter. Was also hat man sich darunter heute vorzustellen? »Das ist schwer zu sagen«, sagt Kurt Krolop, emeritierter Germanistikprofessor der Karlsuniversität. »Am besten hört man einen Text von Lenka Reinerová, gelesen von ihr selbst.«

Die im Juni 2008 im Alter von zweiundneunzig Jahren verstorbene Reinerová war bekannt als letzte deutschsprachige Autorin in Prag, und lauschte man ihrem Vortrag, so fiel nichts weiter auf als eine südlich-östliche Intonation und ein rollendes R. Jedenfalls ist Prager Deutsch nicht jenes »Böhmakeln«, als das die Wiener einst abschätzig den Akzent ihrer böhmischen Köchinnen bezeichneten.

Und jedenfalls ist es nur noch schwer zu fassen, ebenso wie die deutschsprachige Prager Literatur. Jedenfalls in Prag.

Es gehört zu den Paradoxa der jüngeren Geschichte, dass der deutsch schreibende Prager Franz Kafka, der doch durch sein ganzes Œuvre den Spiritus loci zittern lässt, in aller Welt bekannt ist, aber kaum in Prag. Hätte nicht schon Kafkas Werk definiert, was kafkaesk ist, so wäre das Schicksal seines Werkes dazu geeignet. Erst 2007 lagen Kafkas Schriften vollständig auch in tschechischer Sprache vor, dreiundachtzig Jahre nach seinem Tod. Ein großes Kafka-Museum wurde in Prag erst 2005 eröffnet, gleich bei der Karlsbrücke – von einem Schweizer Unternehmer, erarbeitet hat die Schau das Zentrum zeitgenössischer Kultur in Barcelona. Die Besucher sind ganz überwiegend ausländische Touristen.

In Prager Buchhandlungen indes sind Kafkas Werke bei der tschechischen Literatur eingeordnet. Der Name ist ja auch tschechisch, er kommt im Lande vor, seine Träger sind Tschechen. Weder in Prag noch in München oder Wien kann man sicher sein, dass auch gebührend gelacht wird, wenn man die Posse von jener Amerikanerin erzählt, die angeblich Tschechisch lernte, um Kafka endlich im Original lesen zu können. Auch werden Rainer Maria Rilke, Franz Werfel oder Egon Erwin Kisch, die schon als junge Männer ihre Heimatstadt verließen und in der Welt zu Ruhm kamen, mitunter eher der österreichischen als jener deutschsprachigen Prager Literatur zugerechnet, der jetzt am Ort ihrer Entstehung nach fünfundsiebzig Jahren des Verfolgtwerdens, Verschweigens und Verdrängens zu neuem Ansehen verholfen werden soll.

Wie manche andere Metropole Mittel- und Osteuropas, die erst jetzt aus den Albträumen des 20. Jahrhunderts erwacht, war Prag unter der Herrschaft der Habsburger-Monarchie ein Ort mannigfaltigster Mischungen. In der zweiten Hälfte des 19. Jahrhunderts freilich begegnete der erdrückenden deutschsprachig-österreichischen Dominanz die nationale Auflehnung der Tschechen. Böhmen beider Provenienz, die jahrhundertelang mit- und nebeneinander gelebt hatten, stellten sich nun gegeneinander, die demografische Umschichtung der industriellen Revolution spielte dabei eine große Rolle.

1890, als Werfel geboren wurde und Kafka, Rilke, Kisch gerade das Knaben- oder Jünglingsalter durchliefen, hatte Prag hundertdreiundachtzigtausend Einwohner, hunderttausend mehr als 1810. Waren bis etwa 1850 die Deutschsprachigen in der Mehrheit, so stellten sie jetzt nur noch fünfzehn Prozent, die Tschechen hingegen achtzig Prozent der Bevölkerung. Nach Religionszugehörigkeit sortiert: achtundachtzig Prozent Katholiken, zehn Prozent Juden, zwei Prozent Evangelische. Wobei im Bewusstsein der Zeitgenossen die Amtsstatistik vielfach oszillierte. Manchen waren die Unterschiede nicht wichtig, anderen dagegen sehr.

Kafka zweifelte selber, wo er einzuordnen sei. Einmal bezeichnete er sich als »Juden und überdies deutsch«, dann als »Halbdeutschen« oder »österreichischen Juristen, der ich ja im Ernst gar nicht bin«. Zwischen Deutschtum und Judentum schwankend fragte er in einem Brief an seine Geliebte Felice Bauer: »Bin ich ein Cirkusreiter auf zwei Pferden? Leider bin ich kein Reiter, sondern liege am Boden.« Der Wuppertaler Germanist und Kafka-Herausgeber

Hans-Gerd Koch hat das Dilemma 2006 bei einem illustren Kafkaologen-Kongress in Prag schlüssig zugespitzt: »Sprachliche Meisterschaft und Liebe zur deutschen Sprache besagen wenig über nationale Zugehörigkeit in einer Region, in der tschechische Nationalisten deutsche Familiennamen trugen, deutschböhmische Autoren tschechische Namen und die grundlegende Grammatik der modernen tschechischen Schriftsprache von einem tschechischen Slawisten auf Deutsch verfasst wurde.«

Die meisten Prager Deutschen waren – im Gegensatz zu den an Böhmens Rändern siedelnden und erst nach dem Ersten Weltkrieg so genannten Sudetendeutschen – nicht sonderlich auf Abgrenzung bedacht, jedenfalls nicht im intellektuellen Milieu. Jener deutschsprachige »Prager Kreis« von Literaten, der sich zu Kafkas Zeiten zusammenfand und viele Juden zu seinen Mitgliedern zählte, war offen für das tschechische Ambiente. Etliche Akteure, unter ihnen Kafka, sprachen leidlich bis fließend Tschechisch, und sie hatten schnelle Liebschaften mit tschechischen Dienstmädchen und Verkäuferinnen. Johannes Urzidil hielt gar Kontakt zu bekannten tschechischen Kollegen wie Karel Čapek oder Jaroslav Hašek.

Auch der umtriebige Gesellschaftslöwe Max Brod wirkte in beiden Welten. Nicht nur rettete er das Werk des Freundes Kafka, dessen eigene Verfügung missachtend, vor dem Vergessen; nicht nur bahnte er dem mitreißenden Franz Werfel den Weg zum Erfolg; auch der tschechische Komponist Leoš Janáček reüssierte erst, als Brod seine Opern-Libretti übersetzte, und auch der brave Soldat Švejk des Jaroslav Hašek erfreute sich des Anschubs durch Brod, ehe ihm der Weltruhm zufiel.

Brods Schlüsselrolle ist eine der Erklärungen dafür, warum gerade Prag im expressionistischen Jahrzehnt 1910–1920 so viele Talente zur Geltung brachte. Man hat gar den Vergleich mit dem Weimar der Goethezeit gezogen, das freilich seinen Glanz den Zuwanderern verdankte. In Prag indes formte sich aus Eigenem in den Zirkeln des Café Arco oder des Café Louvre ein literarisches Biotop, so fruchtbar, dass aus Wien Karl Kraus herübergiftete: »Die Lyriker vermehren sich wie die Bisamratten.«

Es waren die Nazis, die nach ihrem Einmarsch 1939 und mit der Verfolgung der Juden der Prager deutschen Literatur ihren Platz raubten. Nach 1945 folgte die Vertreibung der deutschsprachigen Bewohner durch die Tschechen, nach 1948 verhängten die Kommunisten ihren Bann. Alles Deutsche war nun verpönt, Franz Kafka galt als bürgerlich-dekadent, nur in den sechziger Jahren war seinem Andenken nach einer Konferenz auf Schloss Liblice eine kurze Blüte beschieden, die mit der Niederschlagung des »Prager Frühlings« 1968 endete.

Erst das Jahr 1989 brachte die Wende, auch in dieser Hinsicht. 1990 gründete sich die Franz-Kafka-Gesellschaft und begann, Konferenzen zu organisieren. Sie publizierte die 2007 mit dem dreizehnten Band abgeschlossene Kafka-Gesamtausgabe auf Tschechisch und edierte auch in zwanzig Bänden das Opus des tschechischen Humoristen Karel Poláček, der 1944 in Auschwitz ermordet wurde. Dass Prag heute einen internationalen Franz-Kafka-Preis und einen Max-Brod-Preis hat und dass man beim Wandern durch das frühere jüdische Viertel dem großen Kafka wenigstens in Gestalt eines

Denkmals begegnet, geht ebenfalls auf die Initiative der Gesellschaft zurück.

Unweit dieses Denkmals gibt es im alten Waschhaus eines Hinterhofs auch das von der Gesellschaft unterhaltene Franz-Kafka-Zentrum, »ein offenes Haus« mit Buchladen und Bibliothek, wie die Direktorin Markéta Mališová sagt. Ihre exquisiten Prunkstücke sind eine Replik von Kafkas Schreibtisch sowie Kafkas Handbibliothek, auch diese nicht original, sondern nach Kafkas Bücherliste von dem Stuttgarter Antiquar Herbert Blank in alten Ausgaben noch einmal zusammengetragen.

Professor Kurt Krolop, der heutige Vorsitzende der Kafka-Gesellschaft, gehörte schon um 1960 zu einer Gruppe um den Prager Germanisten Eduard Goldstücker, die Kafka & Co. nach Prag zurückbringen wollten. Ebenso der Rundfunkjournalist František Černý, auch Lenka Reinerová stieß dazu. Sie mussten warten bis zur Wende. Černý wurde 1997 tschechischer Botschafter in Bonn und Berlin, 2004 gründete er mit Krolop und Reinerová zusammen einen Stiftungsfonds. In schwesterlicher Zusammenarbeit mit der Franz-Kafka-Gesellschaft verfolgt diese Initiative nun den Plan, in Prag ein Literaturhaus deutschsprachiger Autoren zu eröffnen: der eigenen Prager und tschechischen deutschsprachigen Autoren wohlgemerkt.

Schritt für Schritt nähert man sich dem Ziel nach der Methode: Wir fangen schon mal an. Man organisierte Lesungen und Diskussionen, bei denen es weniger um Kafka ging als um dessen unbekanntere Kollegen, beispielsweise Paul Leppin und Leo Perutz. Und bewusst werden auch heutige Autoren einbezogen, die als Tschechen auf Deutsch schreiben – neben Lenka Reinerová etwa Jiří Gruša, der

Präsident des Internationalen P.E.N.-Clubs, und die 1998 in Berlin verstorbene Libuše Moníková. Auch ein Literaturstipendium wurde begründet, als erster Resident weilte Peter Härtling in Prag. Und Lucie Černohousová, die Geschäftsführerin der Initiative Literaturhaus, hat inzwischen eine Bleibe gefunden, in der sie ebenfalls vor einer Bibliothek sitzt, tausend Bände stark, lauter alte Ausgaben der Werke des deutschsprachigen Prag. Gesammelt und gestiftet hat sie die Bibliothekarin Katherina Holzheuer aus Gerbrunn bei Würzburg.

Ende 2007 erfuhr das Projekt Literaturhaus zudem höchste Protektion durch die Außenminister Frank-Walter Steinmeier und Karel Schwarzenberg – die Deutschen wollen finanziell und politisch weiter fördern, die Tschechen stellen Büroräume des Außenministeriums in der Prager Innenstadt zur Verfügung. So fügt sich die Rückbesinnung auf Prags Kulturvielfalt aufs Schönste in die deutsch-tschechischen Annäherungen, die so große Fortschritte gemacht haben. 2008 gab zudem gleich neben der Karlsbrücke das Karlsbrücken-Museum dem werdenden Literaturhaus Raum zur Präsentation – ein weiterer Akt großzügigen Mäzenatentums, dem namhafte Zuwendungen anderer Sponsoren vorausgingen.

Weitere Förderer sind mehr als willkommen, auch von der Prager Stadtverwaltung erhofft man sich ein stärkeres Entgegenkommen. Der Gipfel der Wünsche war es für Lenka Reinerová zu Lebzeiten stets, das Literaturhaus am Ende in der Melantrichgasse unterzubringen, gleich neben dem Altstädter Ring, und zwar im »Haus zu den zwei Bären«. Dort hatte einst als Kind der »rasende Reporter« Egon Erwin Kisch gelebt, den sie persönlich gut gekannt hatte. Auf das Haus indes erhoben amerikanische Nachfahren der Familie Kisch Anspruch.

Eine Epoche, die verloren ist

Zwei alte Prager Juden erinnern sich an das Gemisch der Kulturen, das Hitler für alle Zeiten zerstörte

Es gibt sie noch, die davon erzählen können. Vom alten Prag, bevor es vergessen ist. Von den Juden in Prag in jener Zeit, in der es gar nicht so besonders zählte, ob einer Jude war oder nicht. Es war die Zeit, bevor die Nazis kamen, und die Zeit, in der die Prager Juden noch nicht die Mundharmonikas, die Thermometer und die Fotoapparate abgeben mussten, in der sie noch die Zeitungen in den Schaukästen lesen und wie die anderen in der Elektrischen fahren durften. Es war das alte Prag, »das nie mehr kommen kann«, wie der pensionierte Verleger und Politikberater Tomáš Kosta sagt. »Das ist für immer verloren, leider«, sagt auch Pavel Oliva, emeritierter Professor für Ältere Geschichte. Nur hier und da erscheint einmal ein Buch darüber, wird eine Ausstellung eröffnet oder eine Diskussion veranstaltet, bei der die Zeitzeugen, alle schon über achtzig jetzt, erzählen, wie in Prag einmal die Tschechen und die Deutschen und die Juden unter ihnen auf sehr spezielle Weise miteinander und aneinander vorbei gelebt haben.

Tomáš Kosta gehört zu denen, die diese Zeit und das, was ihr so grausam das Ende bereitete, nicht einfach dem Vergessen anheimgeben, sondern heute politisch nutzbar machen wollen. Er hat deshalb 2009 in Prag ein Buch über sein Leben publiziert, er würde das gerne auch in Deutschland tun, und er sagt beim Gespräch in seiner Prager Wohnung: »Der Herrgott hat mich überleben lassen, damit ich die Versöhnung jetzt hier machen kann.« Und Professor Oliva gibt bei einer langen Unterhaltung an einem der großen Fenster des Café Slavia einen interessanten Hinweis darauf, wie das, was vor mehr als siebzig Jahren passiert ist, bis heute nachwirkt und was es mit dem berühmten tschechischen Euroskeptizismus zu tun hat.

Vor mehr als siebzig Jahren, am 15. März 1939, marschierten in Prag die deutschen Truppen ein, von Adolf Hitler geschickt. Tomáš Kosta, damals vierzehn Jahre alt, hat es miterlebt und erinnert sich präzise, wie die Besatzer auf den Wenzelsplatz kamen. Vorne an den Absperrungen standen Prager Deutsche und hießen die Invasoren mit Hitlergruß willkommen. Er selber stand hinten neben Tschechen, die weinten. Für die Prager Juden, zu denen Tomáš Kosta und Pavel Oliva gehörten, war dies ein sehr gefährlicher Tag. Es begann die Verfolgung, und es endete eine Ära der Koexistenz, die seither für immer versunken ist.

Juden lebten in Prag seit dem 10. Jahrhundert. Schon im Mittelalter kam es mehrfach zu Pogromen der christlichen Nachbarn, 1389 besonders arg. Bis zum Dreißigjährigen Krieg vermehrte sich die Zahl der Prager Juden auf fünftausend, ihr Ghetto war eine Stadt in der Stadt, mit zwölf Synagogen, eigenem Rathaus und Krankenhaus, mehreren Schulen. Manches davon, in Sonderheit der alte Friedhof und die Synagogen, zählt heute zu den attraktivsten Prager Touristenzielen. Hunderttausende aus aller Welt lauschen Jahr um Jahr in der Josefstadt, dem einstigen Ghetto, den Erzählungen der Fremdenführer über den Rabbi Löw, den Golem und den

Bürgermeister Maisel, den Bankier des Kaisers. Prag war damals eine der bedeutendsten jüdischen Gemeinden Europas.

Die Lage wandelte sich im späten 19. Jahrhundert, als zwischen Tschechen und Deutschen, die in Böhmen und Mähren über Jahrhunderte zusammenlebten, der Nationalismus aufflammte. Die Juden, teils den einen, teils den anderen zugehörig, versuchten, »als blinde Passagiere in dem Nationalitätenhader durchzukommen«, wie später der Zionistenführer Theodor Herzl schrieb. Die Volksgruppenzugehörigkeit war für manche Juden eindeutig klar, für andere wandelbar, zumal in jenen Jahren der industriellen Revolution, als viele Tschechen vom Land nach Prag zogen, nicht nur Juden. Oft war der Ortswechsel mit sozialem Aufstieg verbunden, mitunter ging dies einher mit einem Übergang vom Tschechischen zum Deutschen als dominanter Sprache.

Deutsch war ja das Idiom der herrschenden austro-ungarischen Monarchie, die einen supranationalen Schirm darstellte. Franz Kafkas Familie war ein Fall einer solchen Metamorphose. Manchmal fühlten sich in einer Sippe die einen als Tschechen, die anderen als Deutsche und alle als Juden. »Soziologisch gesehen hingen wir alle in der Luft«, schrieb Willy Haas, einer der Schriftsteller des Prager Kreises, der wie Franz Kafka, Franz Werfel, Max Brod oder Egon Erwin Kisch zum deutschsprachigen Prager literarischen Kreis und zu den bekanntesten Prager Juden zählte.

Viele sprachen beide Sprachen, etliche liebten und heirateten in die andere Volksgruppe hinein. Und als sich nach 1920 in der neuen Tschechoslowakischen Republik jeder Bürger bei der Volkszählung als Tscheche, Deutscher oder Jude einstufen sollte, da wusste mancher Jude gar nicht recht, wo er sein Kreuzchen machen sollte. »Ich warne davor, eindeutige Kategorien aufzustellen«, sagt deshalb der Prager Journalist Petr Brod, einer der besten Kenner der Lage, der aus der eigenen Familie die fließenden, schillernden Übergänge kennt.

Viele assimilierte Juden waren keineswegs religiös, so auch der als Tscheche im Prager Stadtteil Žižkov aufgewachsene Pavel Oliva und der dem deutschen Ambiente zugehörige Tomáš Kosta. Mit der Synagoge und der jüdischen Gemeinde traten ihre Familien nur selten in Kontakt. Pavel Oliva erinnert sich, dass für ihn die Bar-Mitzwa, die feierliche Aufnahme in die Gemeinde der Erwachsenen mit dreizehn Jahren, der letzte religiöse Akt war. Mehr als die Thora faszinierten den Sohn eines Hopfenhändlers schon damals die Epen von Homer, die er in klassischem Griechisch zu lesen lernte. Schon damals schlug er den Weg zum Altphilologen ein, und bis heute erzählt er mit ungebrochener Begeisterung davon. In Olivas Familie wurde Tschechisch gesprochen, die Eltern konnten aber auch gut Deutsch und benutzten es, wenn sie den Kindern etwas vorenthalten wollten – was nur eine Zeit lang gut ging, denn auch der Junge lernte Deutsch und beherrscht es bis heute vorzüglich.

Tomáš Kostas Familie sprach Deutsch, nach Hitlers Machtübernahme und Drohgebaren aber nur noch Tschechisch, auch im trauten Kreis. Aus Protest und Prinzip. Der Vater war Gymnasialprofessor und gut vernetzt im linksintellektuellen Milieu, die Mutter entstammte einer Unternehmerfamilie, die Kunstblumen produzierte und ein Geschäft am Wenzelsplatz besaß. Man hatte ein Abonnement in der Deutschen Oper und fuhr mit Großpapa und Chauffeur sonntags im Automobil zum Kaffeetrinken hinaus nach Jíloviště und Dobříš. Die Köchin war Tschechin, das Kindermädchen deutsch. An der Mittelschule und am Gymnasium spielten Religionen und nationale Gegensätze keine Rolle. Tomáš Kosta und Pavel Oliva haben Antisemitismus damals allenfalls in leichten Dosen erlebt, »ab und zu als Scherz«, wie Oliva sagt. Und beide bestätigen jenes Fluidum, das der Literat Max Brod in den schönen Satz fasste: »Es war eine Atmosphäre der Selbstverständlichkeit, die mich umgab.«

Vor über siebzig Jahren, am 15. März 1939, war es damit vorbei. Die Nazis, die tags zuvor in der Slowakei die Ausrufung eines eigenen Staates durch das von ihnen abhängige Regime des katholischen Priesters Jozef Tiso veranlasst hatten, besetzten jetzt die sogenannte »Rest-Tschechei« und errichteten das »Reichsprotektorat Böhmen und Mähren«. Die Randgebiete waren schon 1938 nach dem Münchner Abkommen als »Reichsgau Sudetenland« dem Deutschen Reich angegliedert worden. Die bald einsetzende Verfolgung der Juden machte sich in Hetztiraden und stetig schmerzlicheren Schikanen bemerkbar. Auch Kinder mussten Judensterne tragen, mussten die Schule verlassen und durften den Wenzelsplatz nicht mehr betreten.

Pavel Oliva war gerade achtzehn geworden, als er im Dezember 1941 ins Konzentrationslager Theresienstadt kam, Tomáš Kosta war siebzehn, als es ihn 1942 traf. Beide durchliefen unabhängig voneinander jene Stationen des Grauens, die Millionen Juden das Leben kosteten. Pavel Oliva überlebte nach Theresienstadt das Konzentrationslager Auschwitz und das KZ-Außenlager Schwarzheide nördlich von

Dresden. Was der Alltag an diesen Orten war, hat sein Mithäftling Alfred Kantor, ein junger Grafiker, schon gleich nach der Befreiung 1945 im bayerischen Deggendorf atemlos aufgezeichnet. Oliva gab das Buch vor zwei Jahren in Tschechien heraus. Er erzählt recht gelassen davon beim Gespräch im Café Slavia. Der heikelste Augenblick kommt für ihn, als er vom Schicksal seiner Verwandtschaft berichtet. Vater, Mutter, Bruder, Onkel, Tanten, Cousins und Cousinen – allesamt wurden sie, wie er nach seiner Befreiung erfuhr, von den Nazis ermordet, »insgesamt waren das etwas über hundert Leute«.

Tomáš Kosta war in Theresienstadt, Auschwitz und dem KZ-Außenkommando Meuselwitz in Thüringen. Im KZ schloss er sich einer Untergrundgruppe von Kommunisten an, mit deren Hilfe er sich in äußerster Entschlossenheit retten konnte. Seine Mutter und sein Bruder Jiří überlebten ebenfalls, der Vater war im Exil. Für die Familie kam eine zweite Zeit harter Unterdrückung in den fünfziger Jahren, als die seit 1935 geschiedenen Eltern vom nunmehr kommunistischen Regime im Umfeld der antisemitisch eingefärbten Slánský-Prozesse inhaftiert wurden, Bruder Jiří verlor seine Arbeit. Tomáš Kosta verharrte gleichwohl bis zum Prager Frühling als Mitglied in der KP, der er wie Pavel Oliva und mancher andere nach dem Krieg in der Überzeugung beigetreten war, sie als Einzige könnte eine Wiederholung des Nazigrauens verhindern.

Nach der Invasion der Sowjets 1968, die er als Verlagschef erlebte, emigrierte Tomáš Kosta indes nach Deutschland, wo er bis heute seinen Hauptwohnsitz hat. Er wurde Sozialdemokrat, leitete den gewerkschaftseigenen Bund-Verlag und die Europäische Verlagsanstalt, gab mit Günter Grass und

Heinrich Böll die Literaturzeitschrift *L '80* heraus und beriet die deutsche SPD-Führung ebenso wie nach 1989 drei sozialdemokratische Ministerpräsidenten in Prag in Fragen der deutsch-tschechischen Zusammenarbeit. Heute dient der Honorarprofessor dem Außenminister Karel Schwarzenberg als Ratgeber und ist deshalb regelmäßig in Prag.

»Die Tschechen und Deutschen gehören kulturell zusammen«, sagt er am Wohnzimmertisch in seiner Wohnung und zieht an der Pfeife. Er möchte darüber vor allem mit den jungen Tschechen sprechen, ihnen bewusst machen, was damals im alten Prag »kaputt gegangen ist«: für ihn war es »à la longue genauso ein Eingriff wie Auschwitz«. Zu diskutieren wäre da nach seiner Meinung neben den Nazigräueln auch die nach 1945 erfolgte Vertreibung der Deutschen aus der Tschechoslowakei, »alles, alles, das gehört ja zusammen«.

Und dabei wünscht er sich, dass die jungen Tschechen bald ihre Eltern und Großeltern in ähnlicher Weise nach dem Kommunismus und der Nazizeit befragen, wie dies junge Westdeutsche nach 1968 in ihren Familien taten. Und Kosta freut sich, dass junge Historiker die Arbeit schon aufgenommen haben. Nur hält er es generell für »eine unehrliche Betrachtungsweise«, dass sich die meisten Tschechen »damals wie heute« immer nur als Opfer sehen.

Pavel Oliva kommt am Kaffeehaustisch auf eine andere Spur des damaligen Geschehens, die in die Gegenwart führt. Den Deutschen gegenüber ist er keineswegs reserviert. Oft hat er als international anerkannter Historiker und Mitglied der Akademie der Wissenschaften in Deutschland Vorträge gehalten und mit deutschen Kollegen kooperiert. Seine

Tochter ist Germanistin und Übersetzerin, der Sohn lebte in der Bundesrepublik im Exil, eine Enkelin spricht fließend Deutsch.

Aber es bleibt doch dieses Misstrauen, das der ihm und seiner Frau auch persönlich gut bekannte Staatspräsident Václav Klaus als oberster aller tschechischen Euro-Skeptiker immer wieder artikuliert. »Ich teile nicht alle seine Ansichten, aber etwas ist dran«, sagt Professor Oliva. »Die Tschechen haben Angst, dass sie wieder ein Protektorat eines großdeutschen Reiches sein werden.« Ihn freut es, dass die Deutschen in die EU fest eingebunden sind, »sonst könnte es passieren, dass sie wieder mit Waffen an der Grenze stehen«, wie er sagt. »Die kleinen Nationen haben Angst, nicht nur die Tschechen, ich glaube, es sind auch die Belgier, die Holländer, die Portugiesen.« Und nicht nur vor den Deutschen, sondern auch vor den Franzosen. Auch das gehört zum Vermächtnis des alten, verlorenen Prag.

Vor Hitlers Einmarsch am 15. März 1939 lebten in Prag etwa vierzigtausend Juden, nur knapp achttausend überlebten die Nazizeit. Von ihnen emigrierten die meisten später nach Israel, dafür zogen slowakische Juden aus der Karpato-Ukraine und Ungarn zu. 1989, nach dem Fall des Kommunismus, der alle Religionsgemeinschaften unterdrückt hatte, zählte die jüdische Gemeinde in Prag noch vierhundert Mitglieder, heute sind es – in einer Stadt von 1,2 Millionen Einwohnern – wieder sechzehnhundert.

Ebenso groß oder größer dürfte die Zahl derjenigen sein, die sich von der Synagoge fernhalten oder sich nicht mehr als Juden betrachten, auch wenn sie jüdische Vorfahren haben. »Es gibt viele Leute, die jüdische Wurzeln haben, aber es ist sehr schwierig, die genaue Zahl zu ermitteln«, sagt František Bányai, der Präsident der jüdischen Gemeinde. Nur wenige der sechzehnhundert Mitglieder gehören zu den alten Prager Juden, die noch als Kinder die Zeit vor 1939 erlebt haben. Weiß man überhaupt noch von damals? »Ich glaube, die Erinnerung existiert noch«, sagt Bányai.

Auch der deutsche Staat erinnert sich. Am 16. März 2009 erhielten in Prag aus der Hand des deutschen Botschafters Helmut Elfenkämper zwei alte Prager Juden, auch sie Überlebende des Holocaust, das Bundesverdienstkreuz Erster Klasse für ihre Verdienste um den deutsch-tschechischen Dialog: Oldřich Stránský, vormals Vorsitzender des Rates der tschechischen NS-Opferverbände, und Professor Felix Kolmer, Vizepräsident des Internationalen Auschwitz-Komitees.

Vor über vierzig Jahren, kurz nach der Invasion von 1968, hat Professor Pavel Oliva bei einer Tagung in Zürich einmal den Altprager Dichter Johannes Urzidil, einen Zeitgenossen und Kollegen Kafkas, getroffen, der damals schon ewig im Exil lebte: »Er hat über Prag gesprochen wie über eine verlorene Geliebte.« Tomáš Kosta spricht über Prag, das alte Prag von damals, heute so: »Deutsch ist meine Vatersprache, und Tschechisch ist meine Muttersprache.«

Im April 2009 feierte Tomáš Kosta seinen vierundachtzigsten Geburtstag. Er sprach an diesem Tag in Sachsenhausen zum vierundsechzigsten Jahrestag der Befreiung dieses Konzentrationslagers. Vierundsechzig Jahre zuvor, an seinem zwanzigsten Geburtstag, hatte er sich noch auf dem Todesmarsch befunden und erfahren, dass Hitler tot war.

Zweiundachtzig Kinder, überlebensgroß

Wie die Gedenkstätte in Lidice auf das Massaker der Nazis im Jahr 1942 aufmerksam macht

Es sollte eine Provokation sein, gewiss doch. Ein starker Reiz, um junge Leute zu erreichen, die an Kriegsspiele gewöhnt sind. »Die Jugend ist ziemlich gefühllos, und deshalb sollte sie ein bisschen schockiert werden«, sagt Milouš Červencl. Unter der Web-Adresse *totalburnout.cz* war im Herbst 2006 ein martialisches Szenario zu finden, das den Internetspieler vor die Wahl zwischen Flammenwerfer und Handgranate stellte, »um so schnell wie möglich Lidice niederzubrennen«. Jäh wurde dann der digitale Vernichtungsfeldzug unterbrochen durch den Hinweis: »Was spielst du hier eigentlich? In Lidice war es kein Spiel, sondern Wirklichkeit.«

Lidice – der Name wäre vielen Älteren sicher ein Alarmsignal gewesen. Aber was wissen junge Tschechen und andere junge Europäer heute noch von dem Nazimassaker, mit dem für alle Zeiten der Name dieses Dorfes verbunden ist? »Die jungen Leute müssen unsere jüngere Geschichte kennen, sie müssen in der Familie darüber aufgeklärt werden, aber leider erfahren sie davon gegenwärtig auch in der Schule nicht viel«, sagt Milouš Červencl.

Der Fünfundfünfzigjährige ist Direktor der Gedenkstätte von Lidice, Aufmerksamkeit für die NS-Zeit ist ihm also ein zentrales Anliegen. Lidice war nämlich nach dem Kollaps des Kommunismus 1989 in Tschechien ein wenig in Vergessenheit geraten. Erst in jüngerer Zeit gelang es, mit neuen Medien und Methoden wieder mehr Besucher anzuziehen. Auch das von einer Werbeagentur erdachte Computerspiel erfüllte, wenngleich es nach heftigen Protesten aus dem neuen Ort Lidice mit einer Entschuldigung zurückgezogen wurde, seinen Zweck: Über hunderttausend Menschen aus aller Welt klickten sich ein, die Zahl der Besucher am Mahnmal erreichte im September 2006 den Rekordwert von fast siebentausend, darunter viele Schulklassen, ja ganze Schulen. In früheren Monaten waren es im Schnitt nur zweitausendsiebenhundert oder weniger.

Wer die Gedenkstätte zwanzig Kilometer nordwestlich von Prag aufsucht, trifft in der grünen Stille eines gepflegten Wiesentals auf Trauerweiden, Mauerreste, künstliche Bodenumrisse einer Schule und einer Kirche. Magnetisch zieht es die Gäste zu einer Bronzeskulptur: Zweiundachtzig Kinder stehen da, überlebensgroß, erschrocken, stumm. Im Museum gibt es eine höchst informative, gleichzeitig emotionsanregende Film- und Bilderschau. Ebenso wie zwei Bücher neueren Datums breitet sie anschaulich das Schicksal des Dorfes aus, dessen Bewohner bis zum Tag des Untergangs Kindstaufen, Kirchweih oder Hochzeit feierten wie andere auch.

Am 27. Mai 1942 indes verübten Fallschirmspringer der tschechoslowakischen Exilarmee in Prag ein Attentat auf den Ober-Nazi Reinhard Heydrich, den »stellvertretenden Reichsprotektor« im besetzten Böhmen und Mähren, der bald starb. Die Ermittlungen der NS-Behörden und der tschechischen Gendarmerie führten durch einen unglücklichen Zufall nach Lidice, wo man irrtümlicherweise einen Hort des Widerstands vermutete. Auf Anordnung Hitlers wurde das Dorf am 9. Juni 1942 abgeriegelt, die Männer wurden tags darauf erschossen, hundertzweiundneunzig im Ganzen, alle übrigen Personen deportiert; sechzig Frauen und achtundachtzig Kinder kamen später ebenfalls um, die meisten Kinder wurden im NS-Vernichtungslager Chelmno in Polen vergast. Hundertdreiundvierzig weitere Frauen und siebzehn Kinder überlebten. Das Dorf wurde dem Erdboden gleichgemacht, noch die Trümmer sprengte man. Lidice wurde wie das französische Dorf Oradour zu einem Synonym der Nazibarbarei.

Nach dem Krieg nutzten die Kommunisten das Schicksal des Ortes so ausgiebig für ihre Propaganda, dass die Wende von 1989 jedes Interesse und ebenso die staatliche Finanzförderung versiegen ließ. Erst im Jahr 2000 besann sich das Kulturministerium in Prag eines anderen. Militärhistoriker trugen Augenzeugenberichte und alte Fotos zusammen, ein 1955 angelegter Rosengarten wurde neu belebt, und seit dem Sommer 2006 wird die Dauerausstellung in neuer Form präsentiert. In einem kargen Betonraum führen Projektoren nun die einstigen Schulklassen, Kneipengesellschaften und Familienclans ebenso vor Augen wie die Fackelzüge der Nazis.

Ein Weiteres tun internationale Mal- und Wissenswettbewerbe für Kinder sowie Seminare für Lehrer. Und seit im Juli 2005 ein junges Paar aus dem benachbarten Städtchen Kladno in der Gedenkstätte erstmals die Ehe besiegelte, ist nach den Worten des Direktors Milouš Červencl am Ort des Grauens »eine neue Tradition begründet« – Pietät soll nicht nur Trauer bedeuten. Viele weitere Male ist in Lidice inzwischen geheiratet worden, viele weitere Male wurde im Rosengarten ein Rosenstock gepflanzt. Lidice wirbt für sich auch auf die sanfte Tour.

Den Kopf heben und aufatmen

Wie Prager Intellektuelle heute mit dem »Prager Frühling« umgehen

Dass Ludvík Vaculík den »Prager Frühling« gleich zu Beginn unserer kleinen Kaffeehausplauderei als abgelutschtes, langweiliges Thema einstuft, braucht niemanden zu schrecken. Er liebt es zu scherzen. »Ich habe zum Glück fast alles vergessen«, fügt er trocken hinzu. Und wenn schon. Was der zweiundachtzigjährige Autor Vaculík zum »Prager Frühling« zu sagen hatte, ist ja zum Teil schon in die Geschichtsbücher eingegangen. Denn er war damals, vor über vierzig Jahren, nicht nur ein Zeitgenosse, der alles miterlebt hat: den Aufbruch, die Begeisterung, die Konfrontation und die Erniedrigung. Zweimal griff er mit der Macht des Wortes ins Geschehen ein, zweimal wurde er dafür aus der Kommunistischen Partei ausgeschlossen, und zwei Jahrzehnte hat er mit Publikationsverbot gebüßt.

Fragt man ihn heute, was nach zwei weiteren, sehr turbulenten Jahrzehnten als Haupteindruck von jenen aufgewühlten Monaten des Jahres 1968 übrig bleibt, dann sagt er: »Es war, wie wenn ein Mensch, der unter Wasser gedrückt wird, einmal die Möglichkeit bekommt, aufzuatmen. Den Kopf heben und einfach aufatmen, das war der Prager Frühling.« Ludvík Vaculík schaut jetzt ernst. Das Café Slavia, in dem er einen Tisch am Fenster ausgesucht hat, ist vom Gewirr der Stimmen und dem Klappern der Tassen erfüllt. Hier trafen sich einst die Prager Literaten, die den jungen Autor eines gesellschaftskritischen Romans in ihren Kreis aufnahmen. Hier wurde politisch diskutiert, viel häufiger und heftiger als heute.

Tschechien durchlebt wie andere postkommunistische Länder seit Jahren eine Phase politischer Lethargie, die auch den Rückblick auf den »Prager Frühling« trübt. Bisher hat man von diesem Thema nicht viel Aufhebens gemacht, den meisten normalen Menschen ist es nach den Worten des früheren Ministerpräsidenten Mirek Topolánek sowieso »total egal«. Erst im Sommer 2008 konnte man den Eindruck gewinnen, das Jahr 1968 habe doch einen Platz im Gedächtnis der Nation. Am 21. August jährte sich zum vierzigsten Mal der Tag, an dem der Versuch eines »Sozialismus mit menschlichem Antlitz« durch den Einmarsch der Truppen des Warschauer Paktes beendet wurde. Zu diesem Datum hin gaben die Medien dem Ereignis Raum. Zeitungen brachten Serien, Rundfunk- und Fernsehreporter kramten in den Archiven.

Auch Ludvík Vaculík kam wieder darin vor, wenngleich er in den Tagen der Invasion nicht in Prag, sondern in seinem mährischen Heimatdorf Brumov war. Aber er hatte die Vorgeschichte mitgeprägt. Neben Milan Kundera, Václav Havel und Pavel Kohout hatte er auf dem legendären Schriftstellerkongress im Juni 1967 im Kulturhaus der Eisenbahner in Prag mit harter Kritik am Regime das Fanal zum Aufbruch gesetzt. Und er war der Autor jenes Manifests der zweitausend Worte, das im Juni 1968 einen weiteren Wendepunkt markierte.

Wissenschaftler hatten sich damals an Vaculík gewandt, wie er erzählt, und er sagte ihnen: »Wenn ich das schreibe, schreibe ich das in meiner Sprache.« So kam es, dass diese fundamentale politische Proklamation nicht nur einen poetischen Titel erhielt, sondern auch einen schwungvollen, lesbaren Text. Darin wurde der Niedergang der Nation und des Kommunismus beklagt. Machthungrige Individuen hätten sich hochgeboxt, Wahlen hätten ihren Sinn verloren, »wir können kaum noch einander trauen«. Vaculík sah einen »Augenblick der Hoffnung« und rief die Menschen auf, Rechenschaft von ihren Fabriksdirektoren zu verlangen, Versager abzusetzen, auf örtlicher Ebene aktiv zu werden. Streit zwischen Nachbarn sollte enden, und zur Möglichkeit einer Intervention »fremder Kräfte« hieß es: »Wir können unserer Regierung zeigen, dass wir auf ihrer Seite stehen, notfalls mit Waffen in der Hand.« Ein klares Bekenntnis also zu den Reformern der Kommunistischen Partei und zum umjubelten Parteichef Alexander Dubček.

Diese zweitausend Worte, am 27. Juni in vier Zeitungen veröffentlicht und von achtundsechzig Intellektuellen unterzeichnet, brachten aus Moskauer Sicht angeblich das Fass zum Überlaufen. Schon das »Aktionsprogramm« der tschechoslowakischen KP, das die Aufhebung der Zensur, erweiterte Reisemöglichkeiten und liberale Wirtschaftsreformen vorsah, hatte zuvor die Hardliner erregt. Jetzt sprach Parteichef Leonid Breschnew in Moskau von »Konterrevolution«, der militärische Eingriff wurde beschlossen.

Allerdings war die Invasion schon seit März geplant worden, wie man heute aus Archivstudien weiß, und Ludvík Vaculík ist fest überzeugt: »Das war ein Vorwand. Die wären sowieso gekommen.« Er ist deshalb nach eigenen Worten heute weder traurig noch enttäuscht noch hat ihn je das Gewissen geplagt, dass er da einen Fehler gemacht haben könnte. »Nein, ich denke, es war das einzig Richtige. Einmal im Leben eines Menschen und manchmal auch eines Volkes kommt die Gelegenheit, wo man etwas tun kann.«

Andere dachten ebenso. In Prag strömten noch in der Nacht der Invasion Hunderttausende auf die Straßen, um den Panzersoldaten aus der Sowjetunion, Polen, Ungarn und Bulgarien ihre Wut und Verzweiflung zu demonstrieren. Die Fotos, auf denen der dreißigjährige Josef Koudelka die Stimmung jener heißen Tage im August eingefangen hat, wurden 2008 in Prag in einer Ausstellung gezeigt. Ein Buch dazu wurde in neun Sprachen herausgegeben, in Russland allerdings konnte der Band nicht erscheinen.

Er enthält auch einen lebendigen Essay der Historiker Jiří Hoppe, Jiří Suk und Jaroslav Cuhra, die die bisher vorherrschende Sicht auf die Ereignisse gegen den Strich bürsten. Der Heroe Dubček beispielsweise, am 21. August wie andere KP-Granden entführt, isoliert und dann in Moskau zum Kniefall gezwungen, wird weniger als Opfer gesehen denn als Versager. Er habe der Partei und dem breiten Publikum die Spannungen mit Breschnew verheimlicht. Und bis zum bitteren Ende sei er der Leninist geblieben, der er immer war.

»Dubček war Breschnews Mann in Prag«, so schreibt auch Professor Stefan Karner, der Leiter des Ludwig-Boltzmann-Instituts für Kriegsfolgenforschung in Graz, der mit Wissenschaftlern aus Tschechien, Russland und anderen Ländern ein neues Standardwerk zum »Prager Frühling« herausgebracht hat. Erstmals konnten dafür die Geheimarchive in Moskau sowie Quellen in Prag, Berlin und Washington ausgewertet werden, sodass sich neue Aspekte ergeben. Demnach genoss Alexander Dubček, der in der Sowjetunion aufgewachsen war und von Breschnew freundschaftlich »Sascha« genannt wurde, zunächst die Sympathie des Kreml, nachdem er im Januar 1968 den Prager Betonkommunisten Antonín Novotný als Parteichef gestürzt hatte. Breschnew habe nach dem Aufbrechen des Konflikts mit Dubček lange eine politische Lösung gesucht, bis hin zum legendären Treffen der Moskauer und Prager KP-Führungen Ende Juli im Klub der Eisenbahner am Bahnhof von Čierna nad Tisou in der Ostslowakei.

Eine weitere Erkenntnis jüngster Forschung ist, dass der Einfluss der »Bruderparteien«, insbesondere der KP-Führer Walter Ulbricht (DDR), Władysław Gomułka (Polen) und Todor Schiwkow (Bulgarien), auf die Entscheidung für den Einmarsch weit stärker war als bisher angenommen. DDR-Truppen wurden allerdings gegen Ulbrichts Willen nicht an der Invasion beteiligt, weil man den Tschechen und Slowaken mit Blick auf die Nazigräuel der Jahre 1938–1945 eine zweite Besetzung durch Deutsche in so kurzer Zeit nicht zumuten wollte. Im Ganzen war der »Prager Frühling« aus der Sicht Professor Karners trotz Invasion der »Anfang vom Ende des Ostblocks«, zwanzig Jahre später habe Michail Gorbatschows »Perestroika« das Projekt Alexander Dubčeks wieder aufgegriffen.

Das Ergebnis war der Zusammenbruch des kommunistischen Systems, und diese größere Zeitenwende von 1989 versperrt für viele Tschechen, zumal die jüngeren, den Blick zurück auf 1968. Führende Politiker der konservativen Bürgerdemokraten (ODS), die derzeit die Regierung und den Staatspräsidenten stellen, werten den »Prager Frühling«

im Nachhinein als Marginalie der Nachkriegsgeschichte – nicht mehr als ein Kampf zweier Gruppen innerhalb der Kommunistischen Partei um die richtige Linie. »Viele Menschen erlagen dem Irrglauben an die Reformierbarkeit des Kommunismus«, sagt beispielsweise der frühere Ministerpräsident Mirek Topolánek. »Sie glaubten, der Sozialismus mit menschlichem Antlitz könne funktionieren, und ihre Desillusionierung war unheimlich.«

Nach Meinung früherer Dissidenten wie des Schriftstellers Pavel Kohout oder des Politikers Petr Pithart ist dies jedoch eine verkürzte Sicht der Dinge. »Das historische Vermächtnis des Prager Frühlings ist, dass er von der Zivilgesellschaft – damals gab es diesen Begriff allerdings gar nicht – getragen wurde«, sagt Petr Pithart, heute ein führender Christdemokrat und stellvertretender Präsident des tschechischen Senats. Tatsächlich griffen ja Studenten, Schriftsteller, Journalisten und dann massenhaft auch Arbeiter und Angestellte die Forderungen nach Demokratisierung und Besserung der Lebensverhältnisse auf und erzeugten eine ungeheure Welle politischen Engagements, das sich jedoch nie auf die Einführung des Kapitalismus richtete. Aus Pitharts Sicht bleibt darum als Lehre, »dass ohne eine starke Zivilgesellschaft die Demokratie immer gefährdet ist«.

Freilich dringen solche Botschaften kaum über die Generationen hinweg. Das Interesse der Jugend am Thema ist nach allgemeinem Urteil gering. Jakub Jareš zum Beispiel, ein junger Historiker und Politikwissenschaftler, Doktorand der Prager Karlsuniversität, kann den Ereignissen des Jahres 1968 keine Inspirationen für das bürgerschaftliche Engagement junger Menschen heute abgewinnen. Als stärksten Impuls hat er aus dem Studium des Geschehens nur die massenhafte Begeisterung der Menschen für den damaligen Aufbruch empfunden. »Aber die Begeisterung ist eigentlich kein Programm oder etwas, was man in dieser Zeit einfach wiederholen könnte«, sagt der Fünfundzwanzigjährige beim Gespräch in einem sommerlich übersonnten Lokal am Moldauufer.

Junge Leute wie er finden einen Zugang zu jener fernen Zeit am ehesten noch über die Gestalt des Studenten Jan Palach, der vor vierzig Jahren zunächst Wirtschaftswissenschaften und dann an der Philosophischen Fakultät der Karlsuniversität Geschichte und politische Ökonomie studierte. Dort, am Fakultätsgebäude, ist heute eine bronzene Totenmaske angebracht, unter der sein Name steht. Und auf dem Wenzelsplatz, gleich vor dem Nationalmuseum, findet sich im Boden eingelassen ein nachgedunkeltes Bronzekreuz, wo ebenfalls in schlichten Großbuchstaben der Name Jan Palach zu lesen ist – vielleicht das, was vom »Prager Frühling« im heutigen Prager Alltagsleben noch am ehesten sichtbar ist.

Jan Palach ging am 16. Januar 1969, fünf Monate nach dem Einmarsch der Truppen des Warschauer Paktes, nachmittags gegen 16 Uhr mit seiner Aktentasche und einem Benzinkanister zu jenem Platz vor dem Nationalmuseum, stellte die Aktentasche ab und übergoss sich mit Benzin. Dann setzte er ein brennendes Zündholz an sich selber und rannte als lebende Fackel auf dem Wenzelsplatz herum. Der rasche Einsatz eines Straßenbahn-Bediensteten, der sofort herbeieilte und seinen Mantel über ihn warf, konnte den Zwanzigjährigen nicht mehr retten. Fünfundachtzig Prozent seiner Haut waren verbrannt, drei Tage später erlag er im Krankenhaus den schweren Verletzungen.

Jan Palach hinterließ in seiner Aktentasche und bei mehreren Freunden einen Abschiedsbrief, in dem er seine Tat als Signal gegen die Hoffnungslosigkeit bezeichnete, die nach der Niederschlagung der Reformen um sich gegriffen hatte. Und er sprach von einer Gruppe Freiwilliger, deren Mitglieder einzeln seinem Beispiel folgen würden, wenn nicht die Pressezensur wieder aufgehoben würde. Die Gruppe gab es nicht, doch der Effekt war enorm. Noch am Todestag strömten zweihunderttausend Menschen auf dem Wenzelsplatz zusammen, Parteichef Dubček erlitt einen Nervenzusammenbruch, die Besatzer waren alarmiert. Mehr als zehntausend Menschen nahmen an Jan Palachs Beerdigung teil.

Welchen Schikanen später die Familie des Toten ausgesetzt war, hat eine Arbeitsgruppe der Karlsuniversität, in der der junge Historiker Jakub Jareš führend mitwirkt, inzwischen neu erforscht. Dazu konnten erstmals Akten der früheren Staatssicherheit StB herangezogen werden, das Buch wurde unter dem Titel »Jan Palach '69« herausgebracht.

Jakub Jareš und Kollegen wollen aus Jan Palach keinen Mythos machen, sondern ihn als normalen, sensiblen, nach Reinheit und Konsequenz im Leben strebenden jungen Menschen schildern – ein junger Sozialist, der sich bis zum fatalen 21. August 1968 sehr für die Sowjetunion interessierte und ausgezeichnet Russisch sprach. Jan Palach habe, sagt Jakub Jareš, sich »in einer Stresssituation« zu seiner Tat entschieden, die andere Menschen seiner Zeit in ihrem Widerstand gegen das Unrecht sehr bestärkt habe. Bis heute sind die beiden Gedenkstätten für Jan Palach fast immer mit einer roten Rose oder anderen Blumen geschmückt.

Ein Trabi auf vier Beinen

Auf die legendäre Flucht von Tausenden DDR-Bürgern 1989 kommt man in der deutschen Botschaft immer wieder zurück

Es kulminierte damals alles in einem einzigen Satz, und dieser Satz wurde deshalb schon vor Jahren auf einer Bronzeplatte eingraviert. Man brachte sie auf der Brüstung des rückwärtigen Balkons der deutschen Botschaft in Prag an, und bei sommerlichen Empfängen weisen sich die Gäste gerne gegenseitig auf die Tafel hin. Ist doch in ihr der Mythos eingefangen, der dieses prachtvolle Palais Lobkowicz im schönsten Teil des alten Prag umgibt. Der magische Moment, der die Aura schuf, ist genau datierbar, auf Samstag, den 30. September 1989, 18.58 Uhr, als der damalige Bundesaußenminister Hans-Dietrich Genscher mit Kanzleramtsminister Rudolf Seiters und weiteren Begleitern den Balkon betrat und erklärte: »Wir sind zu Ihnen gekommen, um Ihnen mitzuteilen, dass heute Ihre Ausreise möglich geworden ist.«

Die letzten Worte gingen unter im Jubel von fast viertausend Menschen, die im Halbdunkel des vermatschten Parks sowie in den hoffnungslos überfüllten Räumen und Gängen des Palasts auf nichts so sehr gewartet hatten wie auf diesen Satz. Es waren DDR-Bürger, mit ihrer Flucht in die Botschaft der Bundesrepublik hatten sie gerade ihre Freilassung in den Westen erzwungen, und Hans-Dietrich Genscher war nicht weniger bewegt als sie über diesen epochalen Erfolg. Das Erlebnis wurde zu einem Kristallisationspunkt seines politischen Lebens, und er begann damit später seine Memoiren.

Vor ein paar Jahren war Genscher mal wieder da, aber die Tafel an der Brüstung war entfernt worden, aus gutem Grund: Ein Team der Kölner Film- und Fernsehproduktionsgesellschaft Filmpool drehte im Auftrag von RTL einen Spielfilm mit dem Titel »Prager Botschaft«. Man stellte die Ereignisse von damals, aufgeputzt mit einem fiktiven Liebes- und Stasi-Drama, an mehreren Orten in Prag und Umgebung nach, und in der Botschaft verlangte die Authentizität natürlich den Balkonzustand von 1989. Es wurden auch wieder große Zelte aufgeschlagen, vor ihnen drängten sich Komparsen in Jeans und Pullovern, und vielfach sah man auch wieder junge Männer und Frauen über den eisernen Gitterzaun klettern, der den Botschaftsgarten vom nahegelegenen Wäldchen trennt: Koffer rüber und hinterher.

Es sind unter anderem diese Szenen, die aus den aufregenden Tagen der Wende in Europa in Erinnerung geblieben sind – in echt zu sehen auch in einem Dokumentarfilm, den die Botschaft seit Jahren ihren zahlreichen Besuchern vorführt, fast an jedem Werktag ist eine Gruppe zu Gast. Für die Gegenwärtigkeit des Gewesenen sorgt zudem ein Buch, das 1999 zum zehnten Jahrestag herauskam und aus der Sicht des damaligen Botschafters Hermann Huber und anderer Augenzeugen das Ereignis und seine Hintergründe schildert.

Allein die Statistik des Militärattachés Adolf Brüggemann erdrückt: Rund einundzwanzigtausend Menschen, in drei Wellen angelandet, wurden damals mit fünfunddreißig Großraumzelten, fünftausendsiebenhundertneunundsechzig Schlafsäcken, dreitausend Betten und Matratzen sowie mit dreitausendsechshundert Wolldecken und zweitausend Trainingsanzügen versorgt. Indes standen nur zwölf Toiletten zur Verfügung. Regen und Überfüllung ruinierten bald den Park. Fäkalien, Müll und Essensreste zogen Ungeziefer an, und es stank. Nach einem Bericht des Deutschen Roten Kreuzes herrschte »ein katastrophaler hygienischer Zustand«, als am Tag nach Genschers Freudenbotschaft die ersten viertausend Menschen mit DDR-Bussen zum Bahnhof gefahren und von dort in mehreren Zügen durch die DDR in die Bundesrepublik gebracht wurden. Ein »infernalisches Chaos« diagnostizierte an jenem Morgen auch Botschafter Huber.

Gewiss ein Stoff also für ein neunzigminütiges »Event-Movie« für RTL. Auf dem Botschaftsgelände wurde mit Rücksicht auf den laufenden Betrieb nur ein Teil des Geschehens gefilmt. Das Chaos reproduzierte man dann lieber auf einer Wiese beim Kloster Doksany weit außerhalb von Prag, und die Szenen im Gebäudeinneren des Palasts durften der Regisseur Lutz Konermann und sein achtzigköpfiges Team über ein Wochenende auf den noblen Gängen des tschechischen Kultusministeriums imitieren. Man füllte sie mit dreistöckigen Betten und einem Teil der insgesamt siebzehnhundert Komparsen. »Das matcht wunderbar«, sagte Produktionsleiter Wolfgang Bajorat im Slang der Filmer. Passt also.

Hätte nur gefehlt, dass Hans-Dietrich Genscher wieder auf den Balkon getreten wäre und wieder seinen Satz gesagt hätte, aber der gab am Originalschauplatz nur ein ausgiebiges Interview. Genschers Rolle nahm der tschechische Schauspieler Jan Kostroun ein, immerhin spielte aber Ex-Kanzleramtsminister Rudolf Seiters, heute Präsident des

Deutschen Roten Kreuzes, sich selber. Und immerhin konnte im Park des Palais Lobkowicz jene riesige Bronzeskulptur von David Černý mit dem Titel »Quo Vadis«, die ein Auto der Marke Trabant auf vier menschlichen Beinen darstellt, stehen bleiben, obwohl die sich damals, am 30. September 1989, mit Sicherheit noch nicht dort befand. Sie störte nicht. Auch die Bronzetafel mit dem Satz ist inzwischen wieder angebracht.

Die grüne Fee ist wieder da

Prag ist ein Magnet für Menschen, die mal wieder Absinth trinken wollen

Touristen mögen das mitunter: Zwei Damen und zwei Herren, in unerforschtem Verhältnis zueinander stehend, sitzen im Café Slavia. Drei von ihnen lächeln den Ober an, der um Verfertigung eines Gruppenfotos gebeten wurde, dieweil der Vierte offenkundig nach fremden Frauen ins Abseits schaut. Cappuccinobecher stehen auf dem Tisch, in zweien changiert das schaumgekrönte Gesöff verdächtig ins Grünliche, das ist wohl der Absinth. Die Herrschaften haben es zuvor nämlich köstlich goutiert, dass man in dieser Alt-Prager Kulturinstitution wie ehedem für ein paar Kronen den verruchten Absinth serviert bekommt, pur oder als Ingredienz im Cappuccino beziehungsweise Sekt.

Was wäre dafür ein besserer Ort als das Café Slavia? Hängt hier doch beim großen Fenster zum Moldauufer hin noch immer das Gemälde von Viktor Oliva, das die berühmte »grüne Fee« in halluzinatorischer Luftigkeit auf dem Tisch eines einsamen Kaffeehaustrinkers sitzend zeigt. Also, der Absinth ist wieder da.

In Prag hat er sich als Modeerscheinung im Alltag etabliert, jedenfalls entlang der Trampelpfade des Fremdenverkehrs. Man findet ihn nicht nur im Café und im Restaurant auf der Karte, sondern auch in Lebensmittelläden und touristischen Bedarfsartikelshops. Smaragdgrün schimmert er in Flaschen verschiedenster Größe aus den Regalen. Prag ist, so formuliert es Miloš Kavka, Beamter der staatlichen Lebensmittelüberwachung, »zum Magnet für die geworden, die mal das stärkste Getränk der Welt kosten möchten«. Junge Ausländer fragen oft danach, wohl auch deshalb, weil der Kräuterfusel in Prag viel billiger zu haben ist als in Paris oder irgendeiner deutschen Szenekneipe, wo er ebenfalls seit Längerem eine stille Renaissance erlebt.

Fast ein Jahrhundert lang war die Droge verfemt und verboten, in den USA seit 1912, in Frankreich seit 1914, in Deutschland seit 1923 – zum Leidwesen vieler Künstler und Proleten. Sie suchten damals im Absinthrausch ihr Alltagselend zu vergessen oder hofften auf eine Bewusstseinserweiterung, die genialische Großtaten entfesseln sollte. Legion sind die Dichter und Maler, die die »grüne Fee« zur Muse hatten und ihr Kränze flochten, von Rimbaud, Baudelaire, Wilde und Hemingway bis zu Toulouse-Lautrec, Gauguin, Dégas, Picasso und van Gogh. Im Pariser Boheme-Viertel Montmartre trat bei einer Kommunalwahl eine Künstlergruppe an, die für den Fall des Sieges versprach, man werde Absinth aus den Wasserhähnen fließen lassen.

Größeren politischen Effekt indes machten die Gruselstorys, die über die dämonischen Wirkungen des Kultgetränks auf die Bezechten umliefen. Van Goghs desaströser Streit mit Gauguin und der Umstand, dass er sich im Suff ein Ohr abschnitt, wurden dem Absinth ebenso zugerechnet wie anderer Leute Wahnideen, psychotische Delirien, epileptische Anfälle und schwerste soziale Zerrüttung bis hin zu jenem Mann in Lausanne, der seine ganze Familie umbrachte.

Derlei Zerstörungskraft entfaltete nicht nur der

Alkoholanteil, der im Absinth bis heute bis zu umwerfende siebzig Prozent beträgt, sondern vor allem der psychoaktive Wirkstoff Thujon, der aus Wermutkraut (Artemisia absinthium) gewonnen wird. Man versetzt ihn mit Kräutern, etwa Fenchel, Melisse, Ysop, Anis oder Koriander, in Tschechien mit Pfefferminze. In Tschechien, wo der Absinth wie in Portugal und Dänemark übrigens nie verboten war, hat sich auch ein eigenes Trinkritual herausgebildet, ähnlich dem französischen: Man taucht Würfelzucker in Absinth, legt ihn auf einen Löffel, zündet ihn an und lässt ihn karamelisieren – es grüßt die Feuerzangenbowle.

Das Verfahren birgt freilich das Risiko, dass der Thujonanteil, der bei der Wiederzulassung des Absinth 1998 von den EU-Behörden auf einen geringen Wert beschränkt wurde, über das Limit steigt. Dieser Anteil lag früher um ein Vielfaches höher, und oft war vor hundert Jahren wohl auch der Alkohol mit miserablem Fusel versetzt, sodass Experten wie die Kieler Psychiaterin und Oberärztin Dunja Hinze-Selch durchaus einen Unterschied zu heute seriös bereiteten Absinthgetränken feststellen.

Zudem wachen in Deutschland wie in Tschechien die Behörden, die immer wieder auch Verstöße feststellen. In Tschechien gibt es Hersteller, die Absinth mit historisch hohem Thujonanteil für teures Geld nach Russland und in andere Länder Osteuropas exportieren. Die Tschechen selber trinken meist lieber Bier. Das ist selbst gegenüber heutigem Absinth geradezu gesund.

Nachsatz

Die hier vorgelegten Texte sind in den Jahren 2005 bis 2010 als Korrespondentenberichte für die *Süddeutsche Zeitung* entstanden. Kein Korrespondent arbeitet für sich allein im leeren Raum, sondern in stetiger Fühlungnahme mit den zuständigen Kollegen der Zentralredaktion. Sie sind es, mit denen er seine Projekte vorab diskutiert, sie schlagen ihrerseits Themen vor, bestimmen die Länge der Beiträge, redigieren sie und heben sie ins Blatt. Am Endprodukt haben sie also ihren Anteil, und deshalb möchte ich mich bei den betreffenden Kollegen der Ressorts Seite Drei, Außenpolitik, Panorama und Feuilleton sehr herzlich für ihre Anregungen und Anmerkungen bedanken. Für die Publikation in diesem Buch habe ich die meisten Texte leicht überarbeitet und aktualisiert oder allzu aktueller Anspielungen entkleidet.